奋进新征程
建功新时代

残疾人风采录

中国残疾人事业新闻宣传促进会
中华人民共和国国史学会　编

华夏出版社
HUAXIA PUBLISHING HOUSE

图书在版编目（CIP）数据

奋进新征程·建功新时代：残疾人风采录 / 中国残疾人事业新闻宣传促进会，中华人民共和国国史学会编 . -- 北京：华夏出版社有限公司，2025. -- ISBN 978-7-5222-0778-0

Ⅰ. K828.6

中国国家版本馆 CIP 数据核字第 2024XJ8034 号

奋进新征程·建功新时代：残疾人风采录

编　　者　中国残疾人事业新闻宣传促进会
　　　　　中华人民共和国国史学会
责任编辑　赵学静
责任印制　周　然

出版发行　华夏出版社有限公司
经　　销　新华书店
印　　装　三河市少明印务有限公司
版　　次　2025 年 1 月北京第 1 版
　　　　　2025 年 1 月北京第 1 次印刷
开　　本　710mm×1000mm 1/16 开
印　　张　13.75
字　　数　180 千字
定　　价　68.00 元

华夏出版社有限公司　　地址：北京市东直门外香河园北里 4 号　邮编：100028
　　　　　　　　　　　网址：www.hxph.com.cn　　电话：（010）64618981
若发现本版图书有印装质量问题，请与我社营销中心联系调换。

前　言

　　党的十八大以来，以习近平总书记为核心的党中央格外关心残疾人，高度重视残疾人事业，将残疾人事业作为中国特色社会主义事业的重要组成部分。习近平总书记对做好残疾人工作作出一系列重要指示、批示，对发展残疾人事业提出一系列明确要求，深刻阐述了新时代残疾人事业发展的价值理念、地位作用、目标方向、重要任务和责任要求。残疾人工作成为"五位一体"总体布局和"四个全面"战略布局的重要内容，残疾人事业进一步实现与经济社会的协调发展。

　　在党和国家的殷切关怀下，经过各级残联组织和相关部门持续不懈的努力，新时代中国残疾人事业得到了全面发展，迈上了新的台阶：残疾人生存状况显著改善，生活水平不断提高；残疾人健康服务水平快速提升，残疾预防工作稳步加强；特殊教育不断发展，残疾人受教育权益切实得到保障；残疾人就业环境和质量大幅改善，文化体育事业蓬勃发展，日常生活更加丰富多彩，一个个残疾人的急难愁盼问题得到解决，8500万残疾人的健康水平、教育水平和生活质量得到了显著提升。

　　这些丰硕成果的取得，离不开党和国家的重视和关怀，也离不开残疾人朋友自身"不向命运低头"的拼搏奋斗，以及广大残疾人工作者、全社会爱心人士的奉献与支持。他们才是这项伟大事业的主角，是值得景仰的时代楷模。

　　为发挥先进典型示范引领作用，进一步激励残疾人自强自立、乐观进取，营造理解、尊重、关心、帮助残疾人的社会氛围，中国残疾人事业新闻宣传促进会联合中华人民共和国国史学会，共同推出了"自强模范、助残先进单位和个人、优秀残疾人工作者风采录活动"。以史为镜鉴，记录新时代残疾人事业的辉煌成就与先进榜样，展示新时代残疾人精神风貌和奋斗故事，激励广大残疾人积极面对生活中的挑战，勇敢追求自己的梦想。

经专家评审，共推举出残疾人自强模范、助残先进单位和个人、优秀残疾人工作者等三大类优秀典型案例，全部收录于本册风采录中，并将通过主流媒体向全社会及海内外广泛传播。

"中国梦，是民族梦、国家梦，是每一个中国人的梦，也是每一个残疾人朋友的梦。"我们坚信在以习近平同志为核心的党中央的坚强领导下，残疾人事业必将在新时代、新征程中开创新局面，广大残疾人也必将迎来更加幸福美好的明天。

中国残疾人事业新闻宣传促进会

中华人民共和国国史学会

目 录

CONTENTS

第二部分　　残疾人工作者典型

第三部分　　　　助残个人典型

第四部分　　　　助残单位典型

第一部分

自强典型

刘殿亮

命运与抉择的双向奔赴

作为军人，像静水深流里涌动的报国的火。在灾难发生的时候，他恪守军人的本职，无畏地冲向危险；面对熊熊烈焰、生死抉择，他没有犹豫，没有退缩。爆炸损伤了他的肉体，却夯实了他的灵魂。

脱下军装，在他心里，仍然是国为重，家为轻，个人最轻；心无旁骛，一步一个脚印，历经磨难，初心不改。乡村振兴的道路上，有他默默前行的身影。

他，就是吕梁人刘殿亮，一个倔强的退伍老兵，更是引领一方致富的带头人。用刘殿亮自己的话说，继承了吕梁山老区的红色基因，骨子里镌刻着"对党忠诚，无私奉献，敢于斗争"的吕梁精神。

赓续血脉，传承红色家风

巍巍吕梁山，滔滔黄河水。新中国的革命者从这里走来，其中就有刘殿亮的家人。早在1930年，陕北红军特派员王达成就在刘殿亮的家乡康家垣和冯家垣一带撒下了革命的火种，成立了党组织。

抗日战争时期，刘殿亮的外公、姨姨、舅舅、叔婶及父亲先后都成为党员。他的叔叔更是1938年入伍的八路军战士。刘殿亮的母亲冯俊花在刘殿亮外公耳濡目染的熏陶下，对党产生了朦胧的向往，积极为推广减租减息、抗日工作而奔波忙碌。经过三年的磨砺和考验，冯俊花终于成为一名共产党员，并被八路军八区任命为妇救会会长。

母亲为党爱民、无私奉献、高风亮节的精神风范，在刘殿亮幼小的心灵中生根发芽，成为他一生追求的精神动力和力量源泉，也为他在后来的人生道路上建功立业，烙下了"家国为先"的鲜红底色。

舍生忘死，立志保家卫国

20世纪50年代初，刘殿亮出生在吕梁山冯家垣村。在家族长辈的熏陶下，少年时期的刘殿亮就成为学习《毛泽东选集》的积极分子，年仅14岁就被评为离石县共青团优秀团员，多次受邀在县、乡镇进行循环演讲。

1970年，初中刚毕业的刘殿亮怀着保家卫国的一腔热血，带着家人的嘱托，报名参军入伍。入伍不到半年，刘殿亮就凭借优异的表现光荣入党，

成为当年数千新兵中的第一个党员。在人生的辉煌时刻，刘殿亮没有飘飘然。他时刻牢记党和父母亲的嘱托，始终严格要求自己，一定要再接再厉，为党和军队再立新功。

1973年，北京军区举行"全军大比武"，经过三年的艰苦训练，刘殿亮凭借通信兵"飞毛腿"的绝技一路过关斩将，拿下军区第二名的好成绩，成为榜样尖兵，很快被提拔为有线通信排排长，而一场意外却给他的人生带来严峻的考验。

义无反顾，无惧命运坎坷

1975年7月，河北省围场县城内一处大型弹药库起火。刘殿亮恰好在大院团部总机班检查工作，他来不及思索，迅速组织部队部分通信战士和首长的公务员投入到抢险救灾中。他和战士们不顾生命危险，数次冲进爆炸危险区疏散群众，同时抢救出多名老弱病残人员。正要撤离现场时，大爆炸发生了。一声巨响，战士们被一股热浪冲散了，身处爆炸危险区域的刘殿亮，被爆炸产生的冲击波掀向天空二三十米高，落地后当场处于昏迷状态，他被战友们抢救出了爆炸现场。

幸运的是，刘殿亮的生命保住了，但他的腰部及肩部被弹片击中数处，最为严重的是左腿膝关节处有弹片深嵌腿骨骼，对骨骼、肌腱破坏严重。"膝盖僵直，整条腿不能弯曲，后来去北京的大医院就诊，专家的诊断结果也是不可能再恢复机能。"刘殿亮回忆说。

他被部队授予三等功，但也落下了伤残，接下来的人生路该何去何从，命运给这个20岁出头的年轻人出了一道残酷的考题。"我过了很长时间，才接受自己是残疾人的现实，但始终接受不了自己将成为部队的包袱。"刘殿亮说。他意识到，要在部队继续为党和军队工作，就必须证明自己依然是个有用的人，办法有两个：一是重新站起来，二是在新的岗位上干出成绩来。

凭借军人坚韧不拔的意志，刘殿亮开始了艰苦的身体复健锻炼。伤腿不能弯曲，他便忍着剧烈疼痛，用绳子强行将腿绑在长条凳上，反复拉伸错位粘连的肌腱；肌肉萎缩、力量不足，他就在伤口尚未愈合的情况下，每天坚持爬围场的锥子山，经常一爬就是几十里的崎岖山路，不知摔倒了多少次，但他仍然坚持不懈。经过两年多的艰苦训练，刘殿亮让伤腿奇迹般地恢复了部分机能。

随后，刘殿亮穿着特制的裤子和鞋子投入到军队的后勤生产经营管理中。凭借科学有效的管理、吃苦耐劳的毅力和敏锐聪慧的头脑，他不仅出色地完成了任务，而且为部队的后勤保障建设做出了突出成绩，部队又连续两次为他记了三等功，他还被上级授予"身残志不残，继续革命不停步"的荣誉称号。

使命感召，毅然返乡创业

1997年，已是正团级干部的刘殿亮从部队转业，被组织安排担任山西省人民武装学院副院长。但一次偶然回乡探亲，再一次改写了刘殿亮人生的方向。

"那年六一儿童节，母校师生写信邀请我去参加他们的活动。"刘殿亮回忆说，"当时我很激动，马上就安排好工作，在太原买了很多学习用品，装满了一吉普车。"原本想给老师和孩子们一些安慰，可现场的情景却让刘殿亮的心里五味杂陈，孩子们还在他小时候读书的古庙里上学。"土窑洞的窗棂糊着破纸，桌椅板凳还是几十年前我们上学时用过的，有些孩子拿着寸把长的铅笔头在废旧的烟盒上写字……老师们说一到冬天，孩子们的手和脸都冻得通红，甚至有的孩子手上的冻疮都化脓了。哎呀，一股股酸楚从我的心底涌上来。"刘殿亮说他当时强忍着泪水，硬是难受得一句话都说不出来。

2002年秋，刘殿亮又回到母校，他承诺要在3年内建一个标准化学校。他舍弃优厚待遇，把自己在部队30年应得的各种待遇补贴约30多万元全部捐献给了人民武装学院，离开部队独自一人返乡创业。

"有没有条件我们都要上。"刘殿亮拿出当年面对伤残时的坚定决心，创办了山西坤龙煤业有限公司。依靠在部队负责煤矿生产经营时积累的管理经验和能源行业的再度崛起，刘殿亮挺过了创业初期的寒冬岁月，迎来了事业发展的春天。

深藏功名，续写吕梁精神

脱下穿了近30年绿色军装的刘殿亮成为一名较成功的创业者。坤龙煤业先后被吕梁市、中阳县授予"经济效益优秀企业""双拥工作先进单位"等光荣称号。

2005年，刘殿亮兑现了他的承诺，一所全新的标准化学校落成。之后的几年，刘殿亮陆续投入，不断完善学校的各种设施，并引进师资，申报开设了初中部。曾经破落的校园，如今焕然一新，新建的文化长廊、露天剧场，极大地丰富了学生们的文体活动和周边村民的文化娱乐生活。该学校已发展成为方圆几十里、上百里，家长和孩子们竞相选择的寄宿制大学校。

群众送上了"德泽乡邻，造福后人"的铜匾，贾家垣乡党委、乡政府授予他"助教功臣，爱乡楷模"的称号，柳林县委、县政府授予他"关心下一代先进个人"和"捐资助教功臣"等荣誉，吕梁市政府、军分区联合表彰了他的先进事迹，并授予他"情注山区教育，铸就时代军魂"荣誉称号。

多少年来，每天安排完工作后，刘殿亮都喜欢拄着手杖，沿着自己带领职工花费十多年修葺一新的山路，爬上附近绿树成荫的山头，一边眺望着这片养育了自己的黄土地，一边思索着自己还能够为家乡做些什么。他说："能够有现在的成就，是革命精神的激励，是党和国家给了我实现自身价值的重要契机，这一切都离不开习近平总书记和党中央的英明领导。现在，每次看到杜富国等年轻一代军人楷模，我都会提醒自己不要忘了革命军人的本色，要尽一切能力去回报社会、回馈老百姓、支持国防事业。"

多年来，刘殿亮陆续出资兴建了土河小学、高家沟学校等，整修公路20多公里，绿化荒山2000多亩，各项公益捐款累计3000余万元。

"什么也不说，祖国知道我"是对这位老兵最好的诠释。刘殿亮高标准修建了"国史展馆""第七届图片大赛走进坤龙典藏馆"，成为"中华人民共和国国史教育基地""国防教育基地"，为吕梁市、中阳县等各党政机关、企事业单位、中小学校开展主题党日活动、思想政治教育、国防教育等提供专门场地……

今年，年近古稀的他，再次向中国残疾人福利基金会提出申请，筹建以伤残军人、武警、公安、消防等为帮扶对象的残疾人专项慈善基金，向党、国家再尽一份绵薄之力。

忆往昔峥嵘岁月稠，望未来任重而道远。信仰坚定的刘殿亮，用自己为党爱民、顽强奋斗、不断奉献的人生实践，生动诠释了薪火相传的吕梁精神。

刘星雨

阳光总在风雨后，"指尖逐梦"更出彩

"我觉得人一旦把自己看扁，那你就真的是一文不值，而不是别人眼中的一文不值。人最大的力量是精神力量，是你的思想高度，不要在意别人的眼光。"在湖北省十堰市郧西县 2023 年度残疾人电商助残培训班上，轮椅上的刘星雨现身说法，倾囊相授，坦诚地与 60 余名参加"互联网＋"电商培训的残疾人兄弟姐妹分享自己的创业故事和心路历程。

突遭横祸，颈椎脊髓损伤

刘星雨原本在中国水利水电第三工程局工作，生活工作一切顺遂，然而天有不测风云，2014 年 12 月，返家途中遭遇的一场车祸让年仅 25 岁的刘星雨，顷刻间从四处奔走的水电工程技术员变成了离不开轮椅的"残疾青年"。在医院 ICU 整整躺了 14 天，他虽死里逃生，却成了一名重度脊髓损伤者。从此，他的人生被颈椎脊髓损伤判了"死刑"。

除了积极配合后续的治疗外，刘星雨经常和主治医生沟通，不断提升训练量，经过半年的康复训练，他逐渐恢复到了双臂有力、坐起不倒的程度，但他的双手手指以及下肢却迟迟不能康复。为此，他焦虑万分。

虽判"死刑"，绝不放弃

现代医学给他判了"死刑"，而他自己始终不想放弃，面对命运的考验，他要用自己的方式博一次。

于是，寻医访药的念头反复出现在刘星雨的脑海里，他转途尝试中医的辨证施治。在朋友的介绍下，历经 24 小时乘坐飞机、汽车的颠簸，刘星雨来到广西来宾市金秀县尝试瑶医治疗。整整 60 天，刘星雨从期望变成疑惑，从疑惑变成失望：老祖宗引以为傲的中医怎么不灵了？瑶医对别的病都有疗效，怎么独独对瘫痪没有效？失望之际刘星雨离开广西回到北京，并在 2016 年年初回到十堰，过着半康复半居家的日子。

苦闷的情绪紧紧包裹着这个年轻人。一次，刘星雨的轮椅轧断了一只蚯蚓，但蚯蚓顽强地蠕动着，它依然活着。如此卑微的生物却有如此顽强的生命力，一分为二却获得了二次生命。刘星雨忽然意识到这条蚯蚓就像现在的自己：命运已经和过去彻底决裂，身体受伤，精神犹存。回想起张海迪的彻夜苦读、史铁生和他的地坛，刘星雨振作了起来，越是平凡越不能辜负呕心沥血的父母，不能辜负不离不弃的亲人朋友，不能辜负曾经踌躇满志的自己。

电商创业，闯出一片新天地

经过整整三年的康复治疗和艰难的心理重建，生性坚强的刘星雨在家人的支持和朋友的帮助下，终于接受了终身截瘫的残酷现实，一点点地走出了那段最灰暗、消沉的日子，想要借助网络从头再来。

　　2019 年年底，刘星雨开始尝试着做微商，他精挑细选了一款网红榨汁杯，发到微信朋友圈，仅仅一个月就销售了近 400 个，赚了 5000 多块钱。牛刀小试，让刘星雨坚定了从事电商的信心，他不断地充电学习，提升能力，摸索着更新货品、拓展销路。

　　"这是最好的时代！对于残疾人等弱势群体的包容程度和政策支持力度，达到了前所未有的高度。我始终觉得既然身体受限了，那么心灵一定不能受限、梦想一定不能受限，因为决定人生高度的一定是头脑和胸怀。"

　　2020 年 7 月，刘星雨觉得时机已成熟，他摇着轮椅，迎难而上，按下了人生和事业的重启键。他同时注册成立了丹江口市润东商贸有限公司和益友社会工作服务中心，一手创业致富，一手公益回馈，两项事业并驾齐驱，他逐梦前行……

　　创业以来，刘星雨的足迹遍布了本地的十几个乡镇，作为一名残疾人，他深知不能把身体的障碍当作不接地气、五谷不分和懒惰的理由，更知道农民的辛勤、生活的不易，既然决定扎根于热爱的家乡，凡事就更应该勤奋学习、亲力亲为。

在乡镇嘈杂的大米加工厂、在偏远山区的香油合作社、在一望无际的柑橘果园、在汉江河畔的水产养殖车间，他观察、学习着农产品的生产、分拣、包装、销售等一系列流程，时刻紧盯着农产品的质量，关注着农民的需求，用心体会这片土地的厚重产出。

不忘初心，爱心回馈社会

通过网络销售与线下销售，刘星雨和他的公司累计为丹江口市销售农产品300万元，帮助带动贫困户55户，帮助两家农业合作社年销售额20万元，成为本地重点扶贫产品供应商。在本地各级领导与社会爱心人士的关心帮助下，他自强不息，事迹广为人知，被丹江口市市政府授予"第五届水都创业之星"，成为全市第一个获得创业荣誉的残疾人代表。

为了回馈社会，帮助更多弱势群体中的兄弟姐妹，刘星雨在创业初步成功时，也走上了爱心之路。通过商贸公司，刘星雨努力吸纳更多的残疾人就业，让他们勇敢地走出家门，融入社会；销售家乡丹江口的优质农产品400多万元，带动当地群众脱贫致富，也让更多的人熟知丹江口，喜欢上这个山清水秀的好地方。

通过社工机构，刘星雨和社会各界爱心人士共同为大山里的贫困户"献爱心，送温暖"，为特殊教育学校的残疾儿童捐资助学。他先后为丹江口市特殊教育学校捐赠鞋子，为竹山县得胜镇复兴小学贫困学生捐赠粮油，为石鼓镇及均州老街住户捐赠生活用品，为十堰市残联对接捐赠一批纸尿裤，累计募集和捐助善款30万余元，引来了社会各界的广泛关注，在人们心中默默种下关爱弱势群体的种子。

2023年年初，面对新形势，把握新机遇，作为丹江口市第五届"创业之星"，刘星雨审时度势，又创办了丹江口市臻青年职业技能培训学校。学校主要致力于培训残疾人职业技能，实实在在地帮助广大残疾人通过网络融入社会，用短视频和直播带货等方式，更好地灵活就业和自主创业，用勤劳和智慧改变命运，实现自身价值，展现自强风采，为家乡经济建设贡献应有的力量……

天行健，君子以自强不息。在创新创业的路上，还有很多困难要克服，还有很多工作要做。在新的人生历程中，刘星雨按下了人生和事业的重启键，他摇着轮椅出发，用智慧和汗水，耕耘出一片事业的新土壤，收获尘世温暖，让自强的人生再次焕发光彩。

王香君

在跳动的黑白键上将爱传递

从一名从未接触过钢琴的盲童，到被安徽艺术职业学院破格录取；从安徽省第一位参加普通高考的盲人学生，在近 5000 名艺考生中位列第 14 名，文化课超过本科分数线 10 分，被天津音乐学院钢琴系录取，到以全班第一的成绩从大学毕业，回到母校成为特教老师；从自己摘金夺银，到盲人学生在肖邦国际青少年钢琴比赛安徽赛区崭露头角……王香君觉得自己一路走来，得到了社会那么多关爱，实在太幸运了。

先天失明，热爱音乐

1996 年 7 月，王香君出生在安徽省淮南市一个普通双职工家庭。一出生，她就被诊断为先天性视神经萎缩，双目失明。父母不抛弃、不放弃，带着幼小的王香君四处求医，花光了家里所有的积蓄，但是她依然看不见任何东西。

2004 年 9 月，8 岁的王香君该上学了。父母把她送到了合肥市特殊教育中心，与视障和听障小伙伴一起上小学。在这里，她平生第一次触摸到钢琴，就被优美的琴声深深打动。

在爱心人士的帮助下，酷爱音乐的王香君开始学习钢琴和声乐。懂事的王香君非常珍惜宝贵的学习机会，无论寒暑，风雨无阻，在家人的陪伴下，她准时去琴行学琴。钢琴老师专门为她量身定制教学方案，从零开始，手把手地教她弹琴。

由于双目失明，眼睛看不见，小手总是找不准琴键，王香君就每天增加练习时间，千百遍地反复在钢琴上弹1，2，3，练指法，练基本功。每一首乐曲，她都要花费比健全孩子多几倍甚至几十倍的时间和精力。

苦心人，天不负。在老师的悉心培养下，王香君进步飞快，音乐天赋被激发出来，她越弹越好，接连获得全国"德艺双馨"少儿钢琴组金奖、"朝霞杯"少儿艺术展演一等奖等多个大奖。

越努力，越幸运

几年后，13岁的王香君被中国残疾人艺术团录取，随团到日本、意大利、印度等国出访演出。

2011年12月3日是国际残疾人日，也是王香君终生难忘的日子。15岁的她在合肥大剧院音乐厅举办了人生第一场个人音乐会，她用优美的琴声向社会各界爱心人士表达着感恩之情，也用音乐展现着残疾孩子勇敢追梦的华彩乐章。

2012年9月，王香君以她卓越的音乐才华被安徽艺术职业学院破格录取，学院免除了她所有的学费和住宿费，还给她和妈妈提供了单独的宿舍。王香君更加刻苦地学习，无论钢琴、声乐课，还是文化课，她都成绩优异，在安徽省职业技能大赛中职组钢琴比赛中获得第一名，还获得了第八届全国残疾人文艺汇演一等奖。

遨游在音乐海洋里的王香君并未止步不前，为了考入全国一流的音乐学院，进入神圣的音乐殿堂，她开始自我加压，拼命学习。这一次，她必须打破残疾的枷锁，与普通艺考生站在同一起跑线上，一起向前冲！

好在她不是孤军奋战，安徽大学的大学生志愿者开始了"爱心总动员"，每个周末都来帮她补习文化课，还找来了优秀音乐教师免费指导她。

2015年，作为安徽省第一位盲人学生，王香君鼓足勇气，参加了普通高考。她不负众望，专业成绩在全省近5000名音乐类艺考生中位列第14名，用盲文试卷参加文化课考试，最终超过本科分数线10分，被天津音乐学院钢琴系录取。

2015年9月，王香君如愿以偿地走进了天津音乐学院。

面对所有大学教材都没有盲文版的难题，为了音乐梦想，王香君再次迎难而上。

每门功课她都会用录音笔录下来，并让陪读的母亲帮她记录上课时老师在黑板上和视频上留下的内容。每天下课回到宿舍，她都要听录音，将妈妈记的课堂笔记整理成盲文，至少需要花费两三个小时的时间。

一分耕耘，一分收获。大一时，她的文化课就考了全班第一。大二时，她的专业课和文化课都是班级第一，被评为三好学生，获天津市人民政府奖学金、国家励志奖学金。2016年，王香君被团中央和全国学联评选为"全国大学生自强之星"。

她还通过了钢琴十级、声乐八级，在国内外举办的众多钢琴比赛中，她也频频赢得大奖。

爱出者爱返，有爱更美好

因为有各界爱心人士的帮助，王香君才能够实现自己的音乐梦想，所以，她也怀着感恩的心积极参加各种公益活动。

2017年2月6日，作为"有爱有改变——2017新春助学公益音乐会"的主角，王香君用她的励志故事、优美的琴声和歌声，共筹集到10万多元助学善款。

她还把安徽省爱心助学学会颁发的3000元助学金全部捐出来，资助了偏远地区的200多名贫困中小学生。

2018年暑假，作为3年前《安徽商报》"加油青春·圆梦大学"资助贫困大学生公益活动的受益者，王香君在安徽省图书馆举办了"盲人大学生王香君助学公益音乐会"，募集到2.4万元善款，帮助了6名贫困大学生。

王香君还受邀到美国圣地亚哥参加当地华人迎春慈善演出，用英文为圣地亚哥孔子学院和中文学校进行了两场励志演讲，将募集的善款用来帮助国内贫困学生。

2019年，王香君以全班第一的成绩从大学毕业，并通过了合肥市教师岗位的考试，回到母校合肥特殊教育中心任教。

"我要带着更多的盲孩子去追逐那一束光，告诉他们即使身有残疾，也要自强不息，在看不见的世界里追寻看得见的梦想。"

因为有爱，现实真的就像歌里唱的那样"长大后我就成了你"。当王香君站在母校的讲台上，给和她当年一样的盲孩子上音乐课时，她内心温暖，心潮澎湃。

王香君敬业爱岗，用情教学，用爱授课，成了学生眼中的小姐姐、好老师。让她最开心的是，她指导的学生获得第29届肖邦国际青少年钢琴比赛安徽赛区一等奖、安徽小演奏家金奖等奖项。

曾经的她得到过社会各界爱心人士的帮助，现在的她要用自己的力量把这份爱继续传递下去，让更多的视障学生在音乐中看见光明，勇敢追逐梦想。

薛 松

用生命打造爱心方舟之旅

人们常说，做一件好事并不难，难的是一辈子做好事。健康人举手之劳的事，身体患有疾病的人做起来可能会比较困难。

然而，一个90后脑瘫患者，在生存、温饱和发展都异常不易的情况下，想到的是多做爱心公益事、多回馈社会，甚至打算百年后捐献遗体，用于脑瘫医学研究。薛松，大力弘扬正能量，倡导博大之爱，演绎了一曲开启"爱心方舟之旅"的新时代赞歌！

身残志坚，自强创业

1994年，因为遭遇脑缺氧，刚出生的薛松就患上了脑瘫。所幸在父母的关爱下，他克服了常人想象不到的种种困难，逐渐成长起来。

2016年，薛松从山东省特殊教育职业学院计算机专业毕业，毕业后四处找工作，参加招聘会投的简历都石沉大海。他立志减轻父母负担，靠自己的双手养活自己。

创业初期，薛松从卖土鸡蛋开始，自己骑着三轮车到处走，由于腿脚不灵经常翻车，鸡蛋打碎了不少。经过长时间的市场调研和走访，薛松发现泗水的本地特产十分丰富，于是回来和家人商量，开办了一家土特产店铺，主要经营烘烤花生、粉条、粉皮、手工煎饼和五谷杂粮等。其间，找供货商、洽谈业务、进货送货，都是薛松一个人完成的。

2016 年 7 月，薛松注册了自己的公司，当上了公司总经理。同年 12 月，他成功注册了商标"恩典之乡"。如今，店里的土特产，线上线下都可以销售，很多人在朋友圈帮他转发相关产品，随着小店名气的不断增大，产品已经销往全国各地。

成立爱心协会，回馈社会

事业上的成功没有让薛松迷失自己，他深知还有许多像他一样的残疾人需要帮助，他想以一种方式来回馈社会。在这一想法的驱动下，2019 年 9 月，薛松正式申请注册了"泗水县方舟之旅爱心协会"，协会以关爱残疾孤寡老人、困境残疾人为宗旨，开展爱心帮扶公益活动。

薛松带领团队常态化开展"冬季送温暖""夏季送清凉"活动，向残疾孤寡老人送棉衣、棉被、凉席、风扇等物品。每到中秋节、端午节、春节等传统佳节，协会都会开展"送春联、送年货、送元宵、送粽子"等活动。此外，他们还开展向建党 100 周年献礼、爱心助力乡村振兴、慰问残疾老党员等系列活动，共慰问新中国成立前老党员、残疾老党员 11 名，为他们带去了爱心物资，并为老党员们佩戴党员徽章。

方舟之旅爱心协会成立以来，已吸纳志愿者近 500 人，走访了泗水全县 120 多个自然村的 632 个家庭，为 403 位残疾孤寡老人建立了一对一长期帮扶档案，团队累计行程 2.88 万余公里，累计服务 2400 余人次，发放物品价值 91.5 万元，累计服务时长 9000 余小时。2021 年 3 月，协会被评为"山东省最佳志愿服务组织"及"济宁市最佳志愿服务组织"。

肩负责任，砥砺前行

"公益路上服务的不仅仅是残疾人，更是一份沉甸甸的责任。"薛松是这样说的，也是这样做的。

2020 年，新冠疫情暴发后，口罩紧缺，薛松在了解到湖北籍现役军人家属急需口罩后，立即个人出资购买了 600 多个口罩紧急送往军属家中。在了解到有些小区和市场复工复产需要消毒后，他多方联系消毒设施，在收到爱心企业捐赠的消杀机器后，陆续为各企事业单位、社区、学校、派出所、菜市场等场所开展消杀工作。

2022 年，他又联合爱心企业为全员核酸采样点及值班卡口点捐赠爱心物资 3810 箱，价值 22.6 万元，助力全民核酸检测 70 余次，服务群众 5.6 万余人次。

愿捐遗体，尽一分力量

"百年之后，我志愿捐献遗体，用于脑瘫医疗研究……"薛松现在说起话来还有些不利索，但已能像健全人一样工作，他竭尽全力地想为这个社会多做一些贡献。他曾经去医院献血，但因身体原因没有献成。有一次，他在网上查阅相关资料，了解到治疗脑瘫仍属于世界性医学难题，目前尚未攻克。"当时我就在想，等我去世以后把遗体捐出去，用于脑瘫医疗研究。"薛松说。

"当时我们是一万个不愿意，本来就没给孩子一个好身体，到走的时候再不完整，这会是我们全家人的遗憾。"妈妈楚艳香难过地说。

家人的强烈反对没能动摇薛松的决心。一天，薛松主动邀请父母一起吃饭，之后在公园里遛弯的时候又提起此事，他跟父母说："人这一辈子，只要经历了也就没有遗憾了。"他看到医院的脑瘫患儿那么受罪，真想为他们做点什么。遗体捐出去后，能用的器官就捐给那些需要的，捐不了的器官就用于医学研究，希望医学工作者能够早日攻克脑瘫这一世界难题。经过百般劝说，妈妈终于理解了孩子的心愿。最终，薛松收到了他的遗体捐献卡，打开信封的那一刻，一股热泪从他的眼角流了下来。

作为残疾人的薛松在创业和志愿服务工作中付出了比常人多几倍的努力，他不仅没有成为社会的负担，反而通过自己的努力为社会做出了突出贡献，感染带动着身边的人投入到公益事业中。

薛松的先进事迹被越来越多的人知道，感动了很多人，他先后获得"泗水县首届创业先锋提名奖""残疾人致富能手""泗水县青年科技致富带头人""济宁好人之星""济宁市新时代最美青年""济宁市抗击疫情最美志愿者"等荣誉。

崔 奕

一名残疾军人的无悔选择

崔奕，1976年4月出生在辽宁鞍山，残疾军人（因公六级），多重二级残疾（言语二级、肢体三级）。

1994年12月，崔奕参军入伍，在十多年的军旅生涯中，一直表现优秀。不幸的是，2016年，崔奕在执行任务时遭遇重大车祸。经过军地上演"生死时速"，他的生命最终保住了，并成功从植物人状态清醒过来。但是，重度颅脑损伤造成共济失调，导致其运动性失语，连翻身都无法一个人完成。

面对灾祸，这位优秀的老兵顽强进行康复训练，只求重新"站立"，回归社会。十余年时间，从濒临死亡而后进入植物人状态，从不能言语表达到卧床半年，从练习翻身开始康复训练、练习坐、练习站、练习爬、练习讲话到坐轮椅两年，2010年可以"独立行走"，再到2012年可以和外界沟通交流……崔奕最终推开了走向社会的大门。

面对新的人生道路，一个重度残疾人、军休干部，应该选择怎样的生活？

很多人认为，崔奕应该是足不出户，在政府、部队和家人的照顾下，琴棋书画，颐养天年，但崔奕给出了不同的答案。

他不仅自主创业，还当选为甘井子区残联兼职副理事长、政协委员，以残助残，服务社会。

他精心策划、组织每一个残疾人的活动，是残疾人兄弟姐妹的身边人、贴心人、代言人。2019年，他当选为辽宁省自强模范，2021年当选为中国残疾人事业"十大新闻人物""大连最美退役军人"。

崔奕是甘井子区政协委员，他经常联系所在社区，反映民生诉求，写建议、跑提案、解难题。他积极反映社情民意，参与政协、专委会及街工委会议，围绕中心履职，广泛凝聚共识，主动服务社会。他每个月都联系所在社区的群众，定期走访残疾人，先后撰写民意信息和提案建议4篇，帮助30余名残疾人通过就业培训走上工作岗位，先后使辖区60余名重度残疾人走出家门。

他是残疾军人，曾经的钢铁战士。他带领志同道合的创业者，借鉴国外无障碍技术，设计、改造了无障碍多功能中巴车，帮助公交车、出租车、私家车进行适老化改造，他们开发的产品还有数字盲道、智能信号灯、网站信息无障碍改造，让VR等信息无障碍产品服务残疾人、老年人，并成为南方航空、大连医科大学附属第一医院的供应商，组建了畅行服务队，为老年人、残疾人、病患等提供专属出行服务。某些服务还在全国无障碍建设成果交流大会上推广。

他得知甘井子区成立了退役军人关爱基金，便主动联系甘井子区退役军人事务局，并成为首批参与其中的爱心企业家，为甘井子区四级以上伤残和行动不便的退役军人提供每人每年12次免费送医服务，已累计服务70余名退役军人，他的企业被中国残疾人事业新闻宣传促进会评为首届"爱心助残企业"。

崔奕的成长故事被多家媒体报道。他用他的行动感染着身边的每一个人。他说："我康复训练了14年，从植物人状态到现在……我深刻地感受到，对于残疾人而言，自强很容易，自强不息很难。自强不息就是要一直不停息地自强，自强且不息，这是很难的。残疾人即使跌倒了一百次，也要站起来一百零一次。残疾兄弟姐妹们要用自强不息的奋斗行为感召、影响、带动社会，唤起全社会对残疾人和残疾人事业的支持。残疾人走出家门的越多、融入社会的越多，才能让社会全面、深刻、准确地认识、了解、接受我们。"

 陈建国

自立自强扶起千百残疾兄弟

　　3岁因小儿麻痹症致残，16岁出外独自谋生，21岁赚到人生第一桶金，创建起颇具规模的企业后，他投资创办了残疾人网络创业服务中心、残疾人互联网孵化基地、残疾人服务中心等机构，为残疾人免费提供创业与就业培训，推动了上千位残疾人创业、就业，为许多家庭带去了幸福与希望。

　　他，就是全国自强模范，龙岩市肢体残疾人协会主席，龙岩市搏赢残疾人服务中心支部书记、理事长陈建国。

　　"我从未因为身体有残缺就觉得命不好，就注定要低人一等。"出生于1974年的陈建国，马上要进入知天命之年，他说，他相信自己的人生会更有价值。因为苦难相通，他更能理解和帮助被病痛折磨的残疾人。

立志自强，活成别人不敢小瞧的样子

陈建国出生于莆田市荔城区黄石镇华堤村，3岁那年因小儿麻痹症致残，小学时随父母到龙岩读书，因为行走不便，受到部分同学嘲笑，有的同学还跟在他身后学他一瘸一拐走路的样子。

陈建国没有因此而自卑，相反，他暗暗下决心，一定要靠自己的力量活成别人不敢小瞧的样子。他早早地给自己的人生定下目标：一定要有成功的事业、美满的家庭，还要成为有社会价值的人。

他16岁去金店当学徒，打金需要踩脚踏鼓风机，陈建国脚没力气，根本踩不动。为了锻炼脚力，他每天坚持走几公里路，脚底经常被磨出血，他却一天也没落下，坚持了半年，他才有力气踩脚踏鼓风机。

出师后，陈建国在龙岩开了一家金店。他做生意很特别，手艺好，价格低，还常常提供免费服务，谁要是拿金饰来给他洗护，就算是在别处买的，他也免费帮人洗。好口碑带来好生意，在四五年时间里，他就开了7家金店。2006年，他投资1000多万元开办了龙岩市帝尊珠宝有限公司。

创业之初，陈建国通过相亲找到对象，在25岁那年结婚了。妻子是一位健康漂亮的姑娘，为他生下了两个健康的孩子，还负责打理家庭、照顾老小，让陈建国没有了后顾之忧。

未到而立之年，陈建国就实现了两个目标：事业成功，家庭美满。

热心扶弱，他"扶起"上千名残疾人

感受到自强自立带来的幸福感和价值感，陈建国希望能把这份自信和勇气散播出去，鼓励更多的残疾人站起来。

最初，他为残疾人争取慈善经费，为家庭经济困难的残疾人争取资金免费安装假肢、赠送轮椅或助听器等，联系法律专家为残疾人提供法律援助，举办爱心活动。

后来，他觉得只是为残疾人解决眼前的困难还不够，这个群体还需要培养自立能力，需要产生生活的希望，需要提高生命的质量。2013年，他投资创建残疾人网络创业服务中心，为残疾人免费提供创业与就业培训。2017年，他又自筹资金牵头创办了龙岩市新罗区残疾人互联网孵化基地，注册登记了民办非企业单位龙岩市博赢残疾人服务中心，整合各方资源，为残疾人提供互联网创业就业服务。2017年至2023年11月底，基地共培训残疾人1604人，实现就业1205人，整体就业率达75.12%，月收入高者能达万元以上。

传承爱心，助残事业后继有人

博赢十年，造福了许多残疾人，他们不仅拥有了自立的能力，有的还获得高收入，并找到心仪的对象，有事业有家庭，生活幸福，希望满满。

长汀小伙小刘也因小儿麻痹致残，成年后工作一直不顺利，参加博赢服务中心培训后，留在中心工作，现在每个月收入稳定在1万元以上，而且在中心找到了心仪的另一半，两个人每月收入接近两万元，小日子过得和和美美。

还有一位小伙因车祸卧床17年，一直由父母照顾。陈建国鼓励他来搏赢服务中心参与生活重建。经过半个月的努力，小伙可以坐上轮椅，又能从轮椅转移到马桶上、床上，解决了生活困于床铺上的问题。随后他又参加了云客服培训，不仅学了不少自理的技能，还有了一份收入，生活有了希望，也减轻了父母的忧虑。

"如没有亲身经历，很难体会我为什么要做这件事。"陈建国说。他见过不少对未来不抱希望的残疾人，他们很痛苦，家人也很痛苦。身体的残疾不可怕，可怕的是自我放弃。他在珠宝生意红火时，花很多时间和精力来办搏赢，为的就是要授残疾人朋友以"渔"，让他们站起来，用自己的双手创造生活、创造希望，寻找到自己的人生价值。

陈建国誓将帮助残疾人自立、就业创业这个事业一直做下去。他经常带自己的两个孩子去献爱心，他希望自己坚持的这份事业还能传承下去，能造福更多的残疾人朋友。

 陈国杰

党的光辉，伴我前行

2008 年，30 岁的陈国杰因为一场意外的车祸而脊髓受损。事故发生后，他奔波于各大医院也未能实现重新站立的愿望，家人也因这场意外而饱受折磨。

命运的重力一击，把他打入了谷底，脊髓损伤像一座大山，重重地压在了陈国杰的身上。没有行动能力，生活不能自理，生活全部依靠父母的照顾，看不到未来，一切似乎都成了零。

曾经坚韧不拔、英勇顽强的军人，早已把军人的精神永远地根植于心中。他说："我不能让这场意外把我的人生就此掩埋，我不甘心一辈子就这样下去。"

要想生存下去，只能靠自己。陈国杰开始积极自救，他说："开始我做事情都很慢，有些训练方法也不得当，自己连带轮椅摔在地上无数次。"他深知要想真正独立，任何一件事情都必须自己去做，就像在部队训练的时候一样，不能害怕摔倒和疼痛，才能有机会重新"站起来"。

他自学自理知识和生活技能，经过四年的努力，实现了生活重建。

2021年，为帮助脊髓损伤群体，经三门峡市残联推荐，陈国杰加入润邦·彩虹家园，他不分昼夜，编撰生活重建教材，开发生活重建课件、课程等。任职润邦·彩虹家园以来，陈国杰根据自己多年来帮助脊髓损伤群体积累的经验，以脊髓损伤伤友失能卧床患者的康复治疗及训练为核心，将残疾人身体康复与职业康复相结合，实现"康复即就业"，和润邦·彩虹家园一起开创了残疾人全面康复新模式。

在市残联的大力支持下，他走访了8个县（市、区），走到千余名肢体患者、近130名脊髓损伤患者的身边，鼓励他们振作起来，勇敢走出家门，回归社区。3年时间里，他通过8期生活重建培训班，帮助80余名脊髓损伤患者走出家门，以网络主播、自主远行、开店等形式重返社会。

学员南征，大学毕业受伤居家，8年来没有走出过自家的小院；僧春婉，高中毕业后受伤居家13年；郭小卫受伤26年；张龙干受伤23年……他们能够从对生活的失望无助，到现在的积极向上、信心满满，得益于陈国杰像家长一样爱护照顾他们，培训他们知识和技能，手把手地教他们用马桶，解大小便，一遍又一遍做示范动作，不厌其烦。看着自己孩子的蜕变，家属流下了激动的泪水。

看着一期期学员带着对美好生活的憧憬，扬帆起航，陈国杰无比激动，希望用自己的力量，去帮助更多的脊髓损伤患者。

三门峡市残联及相关单位多次到润邦·彩虹家园幸福重建中心考察指导工作，对陈国杰认真教学、无私奉献的精神给予了高度赞扬。2023年9月，江苏省肢残人协会举办生活重建训练营，特聘陈国杰担任主教练，为60余名脊髓损伤患者开展生活重建技能培训；同月，由陈国杰发起的河南省轮椅马拉松赛如火如荼地进行，济源、漯河、南阳、郑州等地各家媒体全程报道。

为传递爱心、回馈社会，润邦·彩虹家园幸福重建中心结业学员在陈国杰的带领下，组建了"星火公益"志愿者团队，他们帮助百余名轮友维护、维修、定制辅具。他们走进残疾人家庭，为他们送去关爱和慰问品；走进公园，美化公共环境；走进各种活动现场，帮助需要帮助的人。

"我个人的力量是很微弱的，在党和国家高度重视残疾人事业高质量发展的当今，在各级政府及残联部门的大力支持下，我才能实现自己的理想，才能帮助更多的脊髓损伤朋友。"陈国杰说。

 林 文

轮椅上的爱心使者

林文，平潭综合实验区博爱助残志愿服务中心的发起人，也是平潭综合实验区博爱助残志愿服务驿站的负责人。

意外灾难，转变命运

十几年前，一场突如其来的事故彻底改变了林文的人生。他在工作时被重物压伤腰椎，造成下肢瘫痪，从此开始了与轮椅为伴的生活。

当时的林文无法接受这个事实，精神一蹶不振，长期把自己关在家里。2008年，在亲友的鼓励和帮助下，他挣脱心理枷锁，鼓起勇气买了代步车，尝试走出家门。与社会的更多接触，使他重新看到了生活的希望。

2010年，他发起成立了"残疾人互助会"，倡导"助人自助"理念，帮助有需要的残疾人，并将自己得到的帮助传递给更多的残疾人。他希望鼓励更多的残疾人朋友和他一样突破闭塞的世界，回归主流社会。

"互助会"成立之初，只是经常组织残疾人朋友一起聚聚，帮助残疾人克服自卑心理，收获一些快乐。后来，林文认识了越来越多的残疾人朋友，看到许多人身处困境，他开始琢磨如何为他们提供更多的服务，帮助他们走出困境，这也是林文开展助残志愿服务的初衷。

热心公益，活出精彩

不过，那时候他对志愿服务的概念还比较模糊。2014 年发生的一件事，使林文坚定了创立志愿者服务组织的信念。

那时他有两位朋友患上尿毒症，巨额的手术费对他们的家庭来说是沉重的负担，一个志愿者协会了解情况后，自发地为他们筹集了爱心捐款。志愿者们不计回报、不求名利，纯粹为了奉献爱心，扶困助人。他被这种不求回报、无私奉献的精神深深地感动了。

2015 年，林文和 4 位朋友共同发起创建"平潭综合实验区博爱助残志愿服务中心"，以服务、奉献、爱心、助人自助、传播文明为宗旨，团结社会各界爱心人士，帮扶全区的残障朋友，为推动平潭综合实验区助残事业的全面发展而服务。中心成立后，得到了社会各界慈善人士的支持和帮助，

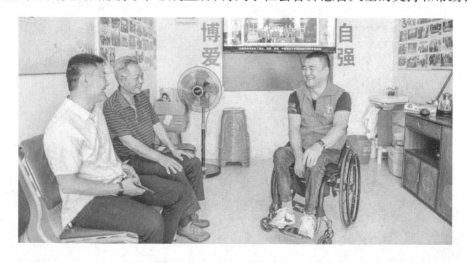

不久，他们就组织了 20 辆助残车、40 多名残障朋友，首次开展助残志愿服务。在这个过程中，林文找到了人生的价值和意义。

作为博爱助残志愿服务中心的创始人，林文的事业并非是一帆风顺的。多年来，中心不断发展壮大，也遭遇了很多困难，在组织活动中遭遇别人的冷漠或质疑是常事。林文没有因此感到灰心，反而怀着积极乐观的心态，安慰鼓励着身边的其他志愿者。每一次挫折和坎坷对他来说都是一场身心的历练，他们的志愿者团队将自立自强、努力拼搏、积极进取的精神力量传递给每一个残障朋友。

博爱助残志愿服务中心的发展壮大，离不开党和政府的大力支持。2018 年，在平潭残联的协调帮助下，实验区管委会无偿为中心提供办公场所 5 年，还向中心配置 6 个公益性岗位，极大地减少了中心的运营成本。政府在购买残疾人服务项目时，优先选择博爱助残志愿服务中心，为中心发展增添了强大的动力。2017 年至 2020 年，中心承接了实验区残疾人"五个一"项目，2018 年承接了实验区残疾人辅具维修项目，2019 年承接了实验区民政部门"助老助残"志愿服务项目，2021 年承接了民政部门"福蕾行动计划"志愿服务项目。2021 年，省辅具中心确定该中心为残疾人辅具借用回收维修服务点，向其免费提供残疾人常用辅具借用产品、维修

工具及配件。

据统计，自成立以来，中心已经组织了超过 280 场公益活动，志愿服务时长超过 7 万小时，直接服务过的残疾人、老人、留守儿童和困境儿童超过 4 万人次。仅在 2023 年，他们就组织了 60 余场活动，志愿服务时长超 1 万小时，直接服务的残疾人、老人、留守儿童和困境儿童超过 8300 人次。

志愿服务，硕果累累

博爱助残志愿服务中心成立的时间不长，但各级政府和社会给予了很多的荣誉和鼓励。

2018 年，林文荣获"福建省五星级志愿者""福建省最美志愿者"荣誉称号，博爱助残志愿服务中心荣获"福建省百家优秀志愿服务组织"荣誉称号。2019 年，林文又荣获"福建省扶残助残先进个人"及"第六届福建省道德模范"称号，中心开展的"肢为爱"肢体残疾人志愿服务项目获得全国最佳志愿服务项目奖。2020 年，"为爱续航"辅具维护服务项目荣获福建省第三届"善行八闽——公益慈善项目大赛"优秀奖，"爱到家"志愿服务项目荣获"福建省志愿服务项目大赛"优秀奖。2021 年，中心荣获福建省社会组织评估 5A 等级。

林文表示，博爱助残志愿服务中心所获得的这些荣誉奖项，是志愿者团队成长的见证，是志愿者用坚持和努力书写的辉煌篇章。

锐意进取，示范传递

在林文看来，成绩只能代表过去，奉献之路任重而漫长，志愿之情源远而流长。自助者天助之，上天夺去了他的双腿，但也给了他坚韧不拔的心，他将一如既往地在志愿服务这条路上坚定地走下去,他所带领的"博爱助残"这支志愿者队伍,也将一如既往地用善举、真情、爱心托起残疾人的希望,积极参与各项公益事业,传递正能量,为社会奉献爱心,让世界充满爱。

面对未来,林文表示,接下来还想做得更好,组织更多志愿活动,设立更多志愿项目,帮助更多弱势群体。他说:"我特别想呼吁残友们要勇敢地走出来,因为走出来就会改变人生,不要在家中封闭自我,相信生活会越来越好!"

聂继锋

"海归医者"的初心与使命

他是一位普普通通的盲人，却为无数患者解除了痛苦；他带着自己精湛的按摩技艺，走南闯北，甚至为外国朋友按摩服务。他的创业经历充满坎坷，他的内心却充满爱……

他，就是聂继锋，主任医师、二级心理咨询师、高级保健技师，享受国务院政府特殊津贴的残疾人专家。

饱受多种眼疾痛苦的聂继锋，面对命运的不公，用"身残志坚"的意志品质予以坚决反击，在人生道路上披荆斩棘，不断超越自己，用实际行动回报社会，实现人生价值，先后荣获"全国技术能手""全国自强模范""全国中医正骨推拿先进工作者""全国自强创业奖""吉林省突贡专家""吉林省高层次人才""吉林省技能名师""吉林好人""吉林妙手""吉林省优秀志愿者"等荣誉称号。

学医自强，不服命运摆布

聂继锋 1968 年出生，先天性眼球震颤注定了他的一生将在模糊的世界中度过，但他自小就有一种不服命运摆布的性格。

16 岁时，父亲把他送进四平盲校学习文化课和推拿按摩技术。

1989 年，聂继锋在四平盲校毕业后，用假期打工挣来的 600 元钱租了间小平房，开办中医按摩诊所，开始人生第一次创业，后受聘于深圳市铁路医院。

2003 年，经过层层考核，聂继锋进入瑞士伯尔尼以及印尼雅加达等医院康复机构工作，从事医疗工作的同时学习现代医疗技术。回国后，他主动到西藏拉萨工人疗养院援藏一年。

2008 年，聂继锋返回家乡四平投资创办了四平市继锋推拿康复中心、四平市健源康复研究所等机构。因长期从事推拿按摩及艾灸治疗工作，他发现传统灸疗器具"烟熏火燎"的问题常常被病人诟病，如何避免"烟熏火燎"，又能提高艾灸的疗效呢？他潜心研发了一种新式艾灸疗法，利用特殊制作的灸疗床，可实现温灸、热灸、高热灸和起伏灸等方法反

复交替使用，也可任意调节温度、体位等，不仅好用，且无烟环保，方便了病人，提高了疗效。

为推广新式艾灸疗法，聂继锋开始着手用盲文撰写《新式艾灸疗法》一书。他参考了《针灸学》《经络腧穴学》等教材和医学资料等，在中医理论的指导下，结合自我临床经验，开始大胆尝试。为了验证新式艾灸的疗效，除了在临床上给患者直接使用外，他还亲自体验灸感和疗效。

他花费了半年多时间，用盲文先把"骨架"写出来，在电脑语音软件的辅助下，利用一年半的时间，把新式艾灸疗法逐条进行整理。最大的困难就是用盲文书写时经常把手指磨出水疱；长时间坐在电脑前打字，累得腰酸背痛，经常写着写着就在电脑前睡着了。

由于盲用软件在使用过程中经常会打出同音字和多音字，聂继锋用了一年多的时间，组织几个学生轮流读书稿，逐句推敲，修改同音字和错别字，校对工作量特别大，经常忙到深夜甚至通宵达旦。从创作到成书，历经三载，聂继锋和他的学生们付出了大量的心血。最终，《新式艾灸疗法》由中国盲文出版社出版发行。

授人以渔，帮扶自食其力

著书之外，聂继锋还以百折不挠的毅力和顽强拼搏的精神克服种种困难，先后自主研发了多功能艾灸调治平台、电动手法平台、盲用探路器和中药理疗热包等，获多项国家专利，产品均已投入生产，应用于临床。

在日常工作中，聂继锋发现许多残疾人、下岗职工以及部分大学生就业难，很为他们着急。在有关部门的支持和帮助下，从2009年开始，他以集中办培训班和随来随学等方式开展了推拿、正骨、保健按摩、小儿推拿、火罐、艾灸、刮痧、盲人定向行走等多种技能培训。他还受聘于吉林省妙手讲师团，多次到全省各地参加送技术下基层活动。

聂继锋不仅带动一个又一个残疾人、下岗职工、待业大学生实现就业、创业，还热心投入公益慈善事业，积极为灾区及孤儿捐款，为困难残疾人、下岗职工、困难家庭减免医疗费。他发起组织了"情暖冬日，爱心助民"大型公益活动，历时一个月，给弱势群体带来实实在在的利益，产生了良好的社会效益。

盛誉之下，不忘初心使命

2018 年，聂继锋当选为全国残疾人代表，并被推选为吉林省盲人协会副主席。同年，他又当选为吉林省四平市人大代表。一份荣誉、一份责任、一份担当，聂继锋没有因为视力障碍影响工作，他多次积极参加人大调研、视察、走访等工作，到社区了解基层情况，经常为了写好一个议案或审议一部地方法规忙到深夜，即使眼疾发作也毫不退缩。

几年来，他先后提交了《关于提高我省残疾人养老退休金的建议》《关于市区内盲道合理铺设和日常规范管理，在路口、人行道加设盲人有声引

导器的建议》《关于在丽山路四平大学增设路灯的建议》《关于在社区增设心理咨询室的建议》等议案和建议，还向人力资源和社会保障部、国家卫健委、国家中医药管理局、中国残联等部门提交了《关于盲人医疗按摩规范化管理的建议》。

新冠疫情出现之后，聂继锋积极参与防疫工作，多方联系为政府筹集了 40 余万防疫物资，被授予"优秀人大代表"称号。他先后被《创新中国人物志》《大国工匠》《杏林大国医》等刊物收录其中，还多次被《人民日报》、新华社、中央广播电视总台、《中国中医药报》等多家媒体宣传报道。

2019 年 5 月，聂继锋在北京人民大会堂受到了习近平等党和国家领导人的亲切接见。

时代成就了聂继锋，他没有忘记初心和使命，积极响应国家号召，主动投身于国际自由贸易港的建设。2022 年、2023 年，他两次到海南进行考察，准备与广大有识之士一道为海南国际康养、医疗健康事业的发展，为自由贸易港早日腾飞贡献力量。他坚定地表示："成绩和荣誉只能代表过去，作为一名共产党员，我将不忘初心，牢记使命，踔厉奋发，勇毅前行，继续发挥一技之长，报效国家，回报社会，传播正能量，让自己的人生更加精彩！"

范月琴

一片痴心在紫壶

范月琴，1968 年出生于宜兴市丁蜀镇西望村，11 个月的时候，发了一次高烧，感染了小儿麻痹症，从此右腿落下了残疾。

1984 年，范月琴初中毕业，当时正逢在紫砂一厂工作的表兄季益顺到西望村进行帮扶工作，他来到范月琴的家中动员她学做茶壶，并当场送给她一套做壶工具。靠着这套工具，范月琴在母亲的带领下正式开始从事紫砂艺术创作。当时制作好的壶要送到厂里验坯，每人每次送 6 把壶，每次只有范月琴能有一两把过关，同行的其他小姑娘的壶都被厂里的验收师傅直接压扁了。

"当时心里挺开心，觉得自己做茶壶还算有点天赋，就开始静下心来做壶了。"范月琴回忆道。从那时开始，范月琴才真正走上了紫砂创作的道路。那时的农村经常停电，很多个夜晚，范月琴都是点着煤油灯，一点点地摸索做壶的窍门，经过几年的历练，她打下了扎实的基础。

1990 年，经人介绍，范月琴与丈夫丁俊宏结婚，有了自己的小家庭。

因为丈夫对紫砂壶也格外着迷，于是夫妻俩就一起搞紫砂壶创作，研发新壶型。

2007年，范月琴凭着扎实的基本功破格申报并取得了助理工艺美术师的职称。"当时做茶壶只是想有一份工作，后来看到别人的茶壶很有文化内涵，就想把紫砂当成事业来做了。"

因为感到自己文化知识缺乏，2011年，范月琴自费到江苏经贸职业技术学院艺术设计专业深造，并获得大专学历。2014年，她又考上中国地质大学成人艺术设计专业本科，每到周末都会抽时间去上课。

范月琴对紫砂艺术有着执着的爱。2010年，宜兴市组织残疾紫砂艺人参加全省残疾人职业技能竞赛陶艺项目的海选，范月琴有幸被选为参赛选手，平时做惯茶壶的她，对陶艺项目少有研究，她心里非常忐忑。但凭着扎实的基本功，范月琴通过了海选，进入了第二轮比赛。

当时还有十多名选手，大都从事陶艺作品设计，范月琴想放弃，但指导老师陈建平鼓励她只要肯努力就会成功。在陈建平的指点下，范月琴每天拄着拐杖坚持训练，最终获得了全国第四届残疾人职业技能竞赛陶艺组亚军。

2014年，经过市、省职业技能大赛的选拔，她以全省第一名的成绩代表江苏省参加了在浙江嘉兴举办的全国残疾人岗位精英职业技能竞赛陶瓷产品设计师（陶艺）项目的比赛，在全国各省51位参赛选手中脱颖而出，夺得第一名，并获得了由人社部颁发的"全国技术能手"证书。

2016年，范月琴代表中国赴法国参加国际残疾人职业技能赛陶艺项目比赛，在命题《大海》器型自定赛题中，运用中国紫砂独特堆贴手法，获中西方评委一致肯定，并拿下该模块满分，展示了中国宜兴陶瓷项目的风采。

从艺至今，范月琴的艺术作品不断展现新的水平和风貌，作品多以纹理新、内涵深、韵味浓、选料优为特色，集细、巧、秀、精、实用性与收藏性于一体，自成一派，多件作品获国内外大奖，先后被评为全国技术能手、正高级工艺美术师、正高级乡村振兴技艺师、国家一级（高级）技师、江苏省技术能手等。

从艺近40年的时间里，范月琴带徒近50人，讲座授课单次最高人数达300余人。她说，修艺也要修德，要常怀感恩之心。她除了常年向慈善会捐赠，还时常到残疾人基地教学以回报社会。她个人的励志事迹先后被《新华日报》《宜兴日报》等报刊，宜兴电视台《关注》《阳羡茶馆》，宜兴交通广播电台《紫砂琦谈》《小君访谈》等栏目报道。

肖 琴

让音乐成为残障人士的翅膀

　　她，是一位出生在残障家庭的视力障碍者，几乎看不见任何东西。然而正是这样一位无法"看清世界"的女孩，却活成了街坊邻里的励志榜样，带领无数残疾朋友走进了音乐的世界，帮助不少缺乏自我价值感的残疾人找到了自己的路。

十年磨一剑，锋芒耀他人

　　肖琴的父亲是一位盲人，母亲是一位肢体残疾人。肖琴6岁时，不幸再次向这个家庭袭来，她因视网膜脱落，右眼失明，左眼只剩微弱视力，正常生活都变得十分艰难，眼前的"黑暗"让她对未来几乎失去了信心。但是她所热爱的音乐帮她打开了生命的另一扇窗。看不清歌谱，肖琴就把纸质歌谱放大七八倍打印出来，凑近了一个音符一个音符地学习。别人花半小时能学会的歌，她得花十倍的时间去学习并背诵。"对一个视障者而言，学习会受到极大的限制。在学习时，我会用手去触摸老师怎样做，然后在家成百上千遍地练习。"肖琴笑着说。

十年磨一剑，肖琴凭借扎实的演唱功底，成为中国盲人音乐与艺术工作委员会委员、武汉市音乐家协会理事、湖北省及武汉市残疾人艺术团独唱演员。2013 年至今，她三次蝉联全国残疾人艺术汇演比赛声乐组金奖，还荣获新加坡亚洲国际声乐大赛第七名等 6 项省级以上大奖。她还曾随武汉市政府代表团赴瑞典交流访问、随湖北省残联到台湾地区交流演出。

"我总能遇到一些和我一样热爱音乐的残疾人，他们也对舞台充满了向往。我深知残疾人学习音乐有多么困难，所以我想发挥自己的专长，帮助他们走出家门、站上舞台，从而更加自信、自强。"就因为有这样的使命感，2018 年，肖琴在江汉北路社区成立"肖琴声乐工作室"，面向残疾人开设公益声乐培训班。至今，她已为残疾人免费授课百余次，总计服务约 800 人次，还凝聚、培育了一批爱好音乐的居民参与到助残公益活动之中。

用心为学员，做好"引路人"

肖琴家离工作室有 11 公里远，需要转两次公交车才能到达，可她风雨无阻，从未缺勤。"因视力障碍，路上磕磕碰碰、摔跤跌倒对我来说是常事。"肖琴不以为意地说。上课时的肖琴，干劲十足，对于没有任何音乐基础的残疾学员，她从肢体动作、面部表情到吐字唱腔，一点点纠正，不放过任何细节，往往一节课下来大汗淋漓，下课后连说话的力气都没有了。

嗓子对于一位歌手尤为重要，但在公益事业面前，肖琴不顾自身、毫无保留。一次，她接到了全国残健融合春晚个人演出任务，这与日常教学产生了冲突，两边都想抓好，让肖琴犯了难。为了不耽误教学进度，她带着本就有些嘶哑的嗓子继续全身心地投入上课，结果嗓子吃不消，打了几针之后才坚持完成了晚会的录制。学员们得知此事后感动地说："她没有收取学员们的任何费用，却在接到对于她来说这么重要的演出任务时，心里还想着我们，让我们来了就必然有收获，哪怕是一点点进步，她都会非常高兴地鼓励我们。"

新冠疫情期间，为了不中断教学，肖琴摸索线上教学模式，通过读屏软件辅助操作电脑，尝试使用腾讯会议开设线上课程，并指导残疾学员在家使用手机参与学习。在线上学习的初期，肖琴与学员遇到了操作不畅、教学效果不佳等困难，为了解决这些棘手问题，她对有操作困难的学员一对一进行帮助，并在课前发送预习资料，督促学员熟悉内容。"任何困难都不能成为学习懈怠的理由"，肖琴就是秉持着这样的信念，引领着一批又一批学员勇敢前行，学无止境。

创公益机构，丹心报社会

跟着肖琴学习声乐四五年的学员们，多次表示要买点礼物略表心意，但肖琴坚决不收，她说："因视力所限，我能为大家做的只有这些，只要你们学有所获就是对我最好的礼物。"在肖琴的悉心指导下，工作室的残疾人学员都有了很大的变化。肢残学员王晖，通过三年的免费学习，现在已经成为一名职业主播，有了一份稳定的收入，她开心地说："我从非常不自信变成了能够自食其力、自立自强的人。我能在社会立足，离不开肖老师的付出与帮助。"学员冯焰是一名退休的社区残疾人工作者，她说："我们肖老师唱歌非常专业，作为一个残疾人，我们很少有机会系统地学习声乐课程，是政府和肖老师给我们提供了这样一个机会，让我变得非常勇敢、自信、快乐，还结交了一大帮朋友。"

肖琴还经常带着她的残疾人学员参加街道、社区的文艺演出活动，让社会看到了自强不息的他们。在 2022 年"武汉市残疾人歌唱比赛"中，前十名得奖者中有五名都是肖琴工作室的学员，谈起此事，肖琴格外高兴与

自豪。为了将这份公益事业长期持续进行下去，为更多残疾人创造机会与可能，肖琴在 2020 年年底将社区工作室成功注册为民办非营利性机构"武汉市江岸区琴欣艺术工作室"，使得残疾人学员能够得到更多专业老师乃至国家级专家的指导。

现在的她拥有多重身份，不仅是一位声乐老师，还是一名歌唱演员，更是一个公益机构的负责人。鉴于她的视力状况，此中的困难与挑战可想而知。肖琴说："未来我想做的不仅是用音乐给更多残障朋友插上追逐光明和梦想的翅膀，更希望能够以此回报社会，为推动残疾人音乐事业贡献自己的一份绵薄之力。"

张军朋

社区健康的守卫者

他出生在中医世家，虽患小儿麻痹，但身残志坚。从医学专业毕业后，他向父亲学习，用认真负责的态度对待每一位患者，对孤儿、孤寡老人免费诊病治疗，从而赢得了患者的信赖和口碑。

他就是张军朋，一位身残志坚、守卫社区居民健康的奋斗者。

张军朋患有小儿麻痹，腿部残疾。10年前，他从父亲手中接管了一个小中医诊所，靠勤奋自食其力，日子还过得去，但并不宽裕。

张军朋有两个孩子，妻子平时主要在家照顾孩子。虽然行动不便，但张军朋的性格开朗乐观。"我这样的身体状况，凭着自己的特长一手扛起四口之家，我非常知足。"

张军朋的诊所开在自己所在的小区里，因此患者多是本社区的居民。对于前来求医问药的街坊邻居，张军朋从来都是热情接待，仔细问诊，在收费上尽量做到便宜实惠。

"经过多年的相处，很多人都像我的家人一样，大家都很惦记我、照顾我，大家需要我的时候，我也会尽全力。"

新冠疫情期间，得知社区准备招募防控疫情志愿者，张军朋把一封"我为防疫出份力"的请战书交到社区负责人手中，对方的脸上满是敬佩："张大夫虽然身体不便，但没有把自己'隔离'在家，为社区防疫挺身而出，有你这个榜样，大家哪还有退缩的理由！"

就这样，张军朋不顾自己行动不便，主动做起了社区防疫宣传员，为增加应急物资的储备，他第一时间免费为社区送去高度酒精、红外线体温计、紫外线消毒灯等，"多一份消毒物资，社区里就多一分保障，多一分安全"。

在之后近一个月时间里，他一直坚守在社区防疫一线。每天小区门口的防疫值守、社区的消杀、核酸检测信息的录入……每一项工作他都认真对待，一丝不苟。"党和国家是我们残疾人的守护者，现在疫情来了，我也想为国家做点儿贡献，为大家做一点儿力所能及的事情。"

"每每遇到邻居、好朋友，他们的脸上总是带着微笑，那种笑是一种认可，是一种肯定，这些对于我来说，是莫大的成就感，让我这残疾之躯，实现了更大价值，我特别开心。"

面对患者，他始终面带微笑；治疗疾病，他总是尽心尽力。虽然身体行动不便，但他总愿意为社会再做些力所能及的事情，他经常通过杂志和微信群传播健康知识。

张军朋用积极乐观的态度面对生活，以最美的笑容与命运顽强抗争，以坚忍执着的精神和自强自立的品质实现自我价值。

楚玉刚

身残志坚改命运　发家致富报乡情

　　楚玉刚，莘县燕店镇前辛张村人，现任莘县残联副主席、山东省守信集团董事长。他拥有8个公司和1个合作社，下属员工500余人，其中残疾人30人（农忙时多达80余人）。心怀爱国、爱民、爱党之心，关爱残疾人弱势群体，楚玉刚的行善义举，赢得了社会的认可和群众的称颂。

永不妥协，四个香瓜打开市场

　　用楚玉刚自己的话说，他是个永不会向命运妥协的人。

　　楚玉刚14岁那年遭遇意外事故，导致身体截肢，失去左手，贫寒的家境加上自身的不便，使楚玉刚不得不放弃学业。他收过废品，加工过塑料，去沿海城市跑过业务……可谓吃尽了生活的苦。

　　1994年，当燕店政府大力推广大棚洋香瓜种植的时候，他瞅准了商机，决定跳出已有的经营模式，另辟销售蹊径。于是，他挑选了4个自家种植的香瓜样品，骑上摩托车只身上路，用了近 8 个小时、行程 400 余公里，让远在北京四道口瓜果市场的客户尝到了"莘县香瓜"的味道，并建立了长期的供销关系。从此，楚玉刚成功打开了外地市场，赢得了自己踏入农业的第一桶金。

1999 年，楚玉刚开辟了莘县第一家私人果蔬市场，该市场位于燕店、河店、莘亭三个乡镇的交界处，故被命名为"金三角果蔬大市场"。后来，随着市场的不断扩大，功能和服务范围不断增多，他又相继成立了金三角育苗公司，不但能确保瓜苗的优质高效增收，而且还实现了建棚、种苗、技术、回收一条龙服务，解决了当地果农的销售难题！

乐善好施，积极帮扶弱势群体

楚玉刚自身有残疾，他深知这一弱势群体的艰难处境和不便，对他们有着特殊的情怀和关照。1990 年前后，楚玉刚回收废品兴建塑料厂的时候曾招收了 10 名工人，其中残疾人就有 8 人之多。随着事业的发展和业务的扩大，楚玉刚的公司用人越来越多。对于普通的生产者，只要有一定的劳动能力，不管是有语言障碍、听力残障、肢体残障还是智力障碍，都可以到企业来工作。

曹屯村有一位 30 多岁的残疾人，父亲去世，母亲改嫁，自己又患有严重的智力障碍，他独自一人，无人照顾，饭又做不好，饿了常常拿玉米粒充饥。楚玉刚听说后很是同情，于是把他接到自己家，和他同吃同住，照顾他的生活起居，如同一家人一样。有一次，这位残疾人患了急性阑尾炎，楚玉刚开车送他去医院治疗，治疗康复后，把他安排到育苗厂，由健全人带着他干活。如今他有地方吃饭，干活有工资收入，没有了后顾之忧。

赵庄有个青年农民叫赵继飞，也患有严重的智力障碍，记忆力差，连自己都照顾不了。年迈的父亲把他领到楚玉刚处，楚玉刚收留了他，把他安排在塑料制品厂管开关大门，兼干点零活，让本厂的保管专门负责看着他。当然，赵继飞也有长处，那就是力气大，装卸车的料理袋子他能扛得起来。楚玉刚合理安排，各取优势。保管员是女同志会料理，但力气小，料理袋子装不上车，她便指挥赵继飞装卸车，他俩配合默契，任务完成得相当好。

截至 2021 年，楚玉刚的企业共拥有 600 余名员工，其中残疾人多达 80 余名。在这里，每一名残疾人都能各尽所能，体现自己的人生价值。楚玉刚对他们因人而异，量才使用，有语言障碍和听力残障者有力气，行动快，就分配他们卷塑料布或做搬运物料的工作；肢残者行动不便，但有头脑，就让其坐在磅前过秤、付款，或保管仓库……这些残障人士通过与正常人无差别的劳作，改变了自己的社会地位，成为社会的劳动者、建设者和贡献者。

楚玉刚对残疾人亲如兄弟。他多次表示，"这里就是你们的家"。残疾人在这里越干越有劲，越干越开心，楚玉刚自己也倍感欣慰。楚玉刚表示，在条件成熟的时候，他会办一个福利企业，把更多的残疾人组织在一起，让他们用自己劳动的双手自强自立，奉献社会。

回报社会，带领群众脱贫致富

楚玉刚出身贫苦，坎坷多难，在立家创业过程中得到了多方接济帮助和国家政策的扶持，他知恩报恩，尽其所能，全力回报。

冬天到了，他给本村和邻村无依无靠的残疾人和老人送去御寒的棉衣。为了方便村民，他还自费为村里部分路段安上路灯。2008 年 5 月 12 日，汶川大地震，他捐了 8000 多元。2012 年，他为莘县重病村民王立泉捐款 1000 元。

张继才是后辛张的一位农民，50多岁，早年因遭遇车祸下肢残疾，行动不便。2011年夏季的一天，张继才在家干木工活，左手不幸被电锯截了下来。楚玉刚接到电话，二话不说，立即停下手中的工作，火速赶到了后辛张，将张继才送到了县医院。县医院做不了手术，建议他们去聊城。断手再植，关键是抢时间，一刻也不能耽误。楚玉刚立即驱车疾驶，70多公里的路程，不到半小时他们就赶到了聊城骨科医院。断掉的左手及时进行了再植，治愈出院后，张继才的手基本活动自如。

救人如救火。楚玉刚不管企业工作多忙，也不管自己有多累，都把救人放到第一位，村民们都称他是"及时雨"。本村村民楚玉存六年前突患脑出血，半个身子不会动，经县医院诊断，需要马上转到市医院。又是楚玉刚开车仅用了25分钟就赶到了市医院。楚玉存得到了及时医治，出院后生活基本能够自理。一年后，楚玉刚照顾他，安排他看场地。

村民们都说楚玉刚的小汽车是村里的村用公共救护车，楚玉刚这位事务缠身的企业家成了救苦救难的及时雨，他救人如救火的故事数不胜数。他大爱无疆，情洒民间的事迹遍布乡里，人人称赞不已。他那颗无私的心和诸多助人为乐的行为受到社会的广泛赞誉。

乐善好施之外，楚玉刚深知产业脱贫才是回报乡里最有效的方式。他相继在莘县王奉镇投资 600 万元建设了农业扶贫农业示范基地，在茌平县贾寨镇投资 300 余万元建设了农业示范基地，在河北广平县投资 1100 万元建设了农业示范基地，在安徽定远县投资 3500 万元建设了农业示范基地……在投资为当地百姓带来效益的同时，他还传授给他们技术、销售渠道和管理模式，吸纳和带动更多群众踏上脱贫致富之路。

2020 年新冠疫情暴发期间，他向莘县交警大队捐赠 1000 套反光服，向莘县武装部捐赠 5000 只 N95 医用口罩，向县残联捐赠 1800 只医用口罩，用实际行动为抗疫做出了自己的贡献。

"别人能做到的，我们也一定能行，因为我们不比别人差！"楚玉刚坚定地说道，"即使是残疾人，通过勤劳的双手，也能融入社会、奉献社会，演绎与众不同的精彩人生！"

杨 洲

"轮椅小哥"带着感恩奔小康

中午,什邡马祖镇马祖村的杨洲再度出现在家旁边的快递站。他和妻子徐彩艳在做化妆品微商代理,在朋友圈颇有口碑,生意不错。杨洲的任务便是每天协助妻子及时发货。

你不会想到吧?这个年轻人是坐着轮椅忙着"跑"生意的。2008年的那场特大地震,使正在读高一的杨洲在废墟下被埋了6个小时,导致他完全性脊髓损伤,成为一级肢体残疾的重度残疾人,终身只能与轮椅相伴。

"一个喜欢打篮球的小伙子突然发现自己一辈子只能坐轮椅了,当时我想到了死。"杨洲回忆道,是母亲的哭求最终让他放弃了轻生的念头。

幸运的是,在政府的帮助和家人的陪伴下,杨洲很快重新振作起来,积极走出人生低迷的困境。

2012年,杨洲通过地方残联的公开招考,顺利成为一名残疾人专委。因为自身的经历,他深刻体会到残疾人的不容易,所以在工作中格外尽力和用心。他积极来到残疾人家中,记录残疾人的需求,落实残疾人帮扶方案,得到当地残疾人的广泛肯定,于2015年荣获"什邡市自强模范"荣誉称号,

2016年荣获"德阳市残疾人自强模范"称号。

2014年，杨洲在网络论坛上，结识了云南曲靖的徐彩艳。这个美丽的云南姑娘因为一场突如其来的大病而脊椎受损高位截瘫，她没因此而颓废，依然对生活充满着激情和美好的向往。从交流病情到生活上处处关心，一个多月的时间，两人的感情越来越浓，最终，徐彩艳带着自己的女儿从云南来到什邡。当年圣诞节，两人走进什邡市民政局领取了结婚证，相约一起在人生中搀扶行走。

然而，结婚后，因为没有健全的肢体，两人的生活举步维艰。尽管有贫困家庭的各种补助，但两个年轻人认为："等靠要不得行，始终还是得自己努把力。"

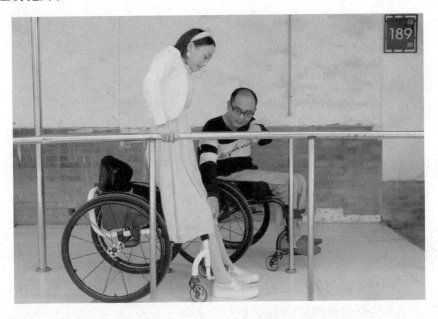

于是夫妻二人克服身体障碍，开始尽力做一些力所能及的工作。一次偶然的机会，什邡市政府的工作人员来杨洲家中慰问，送了徐彩艳一套自己朋友代理的内衣。得知徐彩艳之前在做微商，便跟徐彩艳说如果想代理这个内衣品牌她可以帮忙推荐。徐彩艳穿了内衣后觉得的确不错，于是决定重新做微商代理。

就这样做了一年多，杨洲夫妇赚到了第一桶金。同时，他俩发现近年来网络直播平台越来越红火，一些残疾人当网络主播能获得一些收入，便也试着做起了网络主播。

"当主播可以跟同病相怜的人聊聊天，给听众讲讲故事、唱唱歌，还可以交到很多朋友。"徐彩艳说。

虽几经挫折，但杨洲和妻子勤劳聪明，善于总结经验，愈战愈勇。如今，在当地政府和残联的精准帮扶下，凭着产品质量累积的良好口碑，夫妻俩每年也能赚到五六万块钱，2017 年实现了脱贫。2018 年 5 月，在政府和残联的帮助下，他俩又在当地万人小区开了一间线下实体店铺，线上生意高峰期时，线下又有 70 余位代理，通过线上线下双渠道销售模式，夫妻二人的生意不断扩大。同时，他俩还招收其他残疾人做自己的代理，并且不收任何费用，帮助大家共同奔向幸福生活。

因为自强事迹突出，杨洲于 2018 年荣获"德阳市脱贫攻坚奋进奖""四川省脱贫攻坚奋进奖"以及"四川省脱贫榜样"等荣誉称号。

"我们缺了腿还有手，在政府的关怀下，以后的日子一定能够越过越好。"杨洲坚定地说。

赵丽颖

溶刻千般景，刀笔写人生

虽然失聪，但自强不息的赵丽颖是中国民间文艺家协会会员、黑龙江省工艺美术大师、黑龙江省工艺美术协会会员、黑龙江省民间文艺家协会会员、民俗文化艺术家协会会员、齐齐哈尔市工艺美术协会会员、齐齐哈尔市工艺美术大师。

赵丽颖是齐齐哈尔市第三批非物质文化遗产代表性传承人，传承了艺术大师吴多超的相纸溶刻画技艺。

彩色相纸溶刻画技艺是在曝光后的相纸上用刀刻画而成的，其中独创技法曾获得国家发明专利，它是在摄影和绘画基础上的一种创新，兼容了摄影、版画、国画、油画、水彩画等的综合特点，填补了国家民间艺术的空白，乃至世界民间艺术的空白。

2014 年，赵丽颖跟随吴多超学习相纸刀刻画技艺，是吴大师的得意门生。在恩师的精心调教下，她成长为一名优秀的工艺美术家，在相纸溶刻画上造诣匪浅，其所作相纸溶刻画多次在省内外展出，并多次获得金奖和银奖。

赵丽颖还创新发明了相纸雕刻唐卡技艺，受到专家、学者及大众的赞誉与好评。

2015年10月16日，赵丽颖的作品《齐白石画像（相纸溶刻）》在哈尔滨对俄文化艺术博览会暨第十六届哈尔滨民间民俗艺术博览会中，被评审委员会评定为银奖。

2017年8月，赵丽颖的作品《京剧脸谱》在纪念改革开放40周年黑龙江省民间工艺精品展中获金奖，作品《九宝喜迎门（相纸溶刻画）》在黑龙江省"一带一路"民间工艺精品展中获得银奖。11月，赵丽颖的艺术作品入围残疾人美术馆首届"残健融合"全国残疾人美术作品展。12月，她的艺术作品在黑龙江省残联举办的"脱贫攻坚爱心助残暨艺术成果展示"中获优秀奖。作品《周总理（相纸溶刻画）》在哈尔滨民间民俗艺术博览会精品展中，被评审委员会评定为银奖。

2019年5月，她在庆祝新中国成立70周年"向人民汇报"民间传统技艺成果展上荣获"民间艺术优秀工作者"称号。6月，她的作品《延寿聚祥》在齐齐哈尔市端午庙会非遗展比赛中荣获金奖。12月，经齐齐哈尔市第二届工艺美术大师专家组评定，她被授予"工艺美术大师"称号。

2020年11月，经大师大赛组委会评选，赵丽颖的作品《廷寿聚祥》被评为金奖。12月，作品《大爱无疆情暖人间》在黑龙江第二届工艺美术创新产品设计大赛中获银奖。

2022年5月，赵丽颖被授予"齐齐哈尔市第三批市级非物质文化遗产项目相纸溶刻画技艺代表性传承人"称号。

2023年9月，经黑龙江省第四届工艺美术大师专家组评定，她被授予"工艺美术大师"称号。

 荣宇航

断翅小鸟涅槃重生

　　嘶哑的声音、"打雷"般的笑声……荣宇航在社交网络上这样描述自己。谁也想不到，这个幽默开朗的女孩是一位残疾人。虽然四肢不够灵活，说话费力，但她从未向命运低过头，她形容自己是个"折断翅膀的小鸟"，并发出了"我的生活我做主"的宣言。

不屈不挠，康复训练中寻找腾飞的翅膀

　　上帝给她开了一个玩笑，让她一出生就与众不同。出生时缺氧导致脑瘫，荣宇航有腿不能走，有嘴不能说，有手不好使，它们在她身上就好像是一件件摆设一样，完全不听她支配。严重的脑瘫几乎判处了她"无期徒刑"。

　　小时候，荣宇航坐着、翻身都不会，妈妈就带她去各大医院求医，所有的大夫都给她判了"死刑"，也就是说毫无治疗价值，即便活下来，也

是一个废人。但妈妈没有放弃她，背着她走遍大江南北，四处求医，花光了家里所有积蓄。

在妈妈的坚持和康复训练下，她终于站起来了。那时候她非常讨厌锻炼，觉着锻炼又累又疼，每天重复同样的动作很枯燥。每当想要放弃的时候妈妈就会跟她说："姑娘，不能放弃！你只有走起来，才会得到幸福生活！"

有时候她很佩服妈妈的这种坚持不懈的精神，妈妈心里始终坚信她的女儿有一天一定能走起来。现在，荣宇航已经29岁了，身体不但没有变形，还学会了穿衣服、上床睡觉、刷牙洗脸、去卫生间，这些她自己都能搞定，妈妈每天督促她锻炼、按摩，就害怕她身体变形，影响身体机能，造成机能退化。有时她会觉着妈妈很唠叨，妈妈一见到她就说："你今天锻炼了吗？"就好像跟她没有别的话说一样。有时她觉着妈妈好像是她的领导，她的工作就是锻炼，她就像一个陀螺每天不停地转，一停下来妈妈就会拿"鞭子"抽她。

如今，荣宇航还在进行艰苦的康复训练，每天都汗如雨下，疲惫不堪，疼痛难忍。但她都挺过来了，身体机能非但没有退化，反而开始出现了好转的趋势。

自立自强，在文化学习中找到理想

因为身体原因，荣宇航不能像其他孩子一样走进学校，但她非常渴望学习文化知识，每天锻炼完她就坐在桌前看书。书本愿意陪着她，耐心地倾听她的心事。"我是一个书迷，书对我来说是无价之宝，比什么都珍贵。"荣宇航说。从识字开始她就爱上了读书，在她心里，书是最知心的朋友。

虽然病魔困住了她的肢体，但困不住她的思想和灵魂。从2018年冬天开始，宇航开始系统地学习语文基础知识、写作常识和阅读理解等知识，还涉及中国文学史、地理等方面的知识，知识越学越多，需要分析总结的也越来越难，宇航坚持了下来。她非常珍惜这个难得的机会，晚上10点多她还在向老师咨询问题，交流想法。

通过不断的努力学习，宇航自学完小学、初中和高中课程，取得了自学考试高级中学毕业证，并进入中国广播电视大学数码媒体艺术设计专业学习。荣宇航的努力没有白费，她的语言组织能力和写作能力有了很大提高。2017年，她写的作品《我的大学》获得双鸭山市残疾人征文比赛一等奖，还获得了1000元奖金，这是她第一次挣钱，这篇文章还在《北方文苑》上发表了。2018年，她写的诗歌《追梦》在省残联举办的演讲比赛中获得三等奖。2022年，她分别在《挠力河》《北方文苑》《双鸭山日报》发表了数十篇作品。如今，荣宇航已经成为双鸭山市作家协会会员、双鸭山市残疾人作家协会会员。但她觉得还没有达到自己的要求，她的目标是获得国际文学创作大奖。

艰苦奋斗，自主创业中找到人生的价值

宇航渐渐地长大了，看着同龄人都上班挣钱了而她还在家里啃老，她也想和正常人一样挣钱给父母改善生活，供妹妹读书，于是她把这个想法跟双鸭山市残联的侯续良叔叔说了。同样是残疾人的侯续良叔叔听完以后很支持她的想法。叔叔就帮她买了一套 PS 教程，让她学修图。

虽然学什么都要比别人费力，但荣宇航从未放弃。她刚开始学 PS 教程的时候很费劲，双手不能配合，练了一个月才终于配合好，但一张图要花半天的时间才能抠下来。经过一年的时间，她终于能熟练掌握 PS 技术，并学会了做海报、图板，修图，换场景等。

2018 年，荣宇航创办了残疾人文化艺术服务中心，带着一些志同道合的残疾青年共同创业。为了不成为家里的牵绊，荣宇航和几个残疾伙伴吃了不少苦头，困难的时候宁可每天吃土豆，也不跟家里要钱。她们只有一个目标，就是靠自己的双手挣钱，脱离父母，独立生活。

荣宇航和小伙伴们以自强不息的精神逐渐闯出了一片晴空。在荣宇航的带领下，这几名残疾青年不仅能够养活自己，实现了独立，还时常帮助其他残疾孩子……

荣宇航的残疾人文化艺术服务中心还开设了布艺、电脑设计等项目。2018 年 5 月，她们承接了"折翼天使笑脸定格"项目，免费为 50 名残疾孩子做 50 本相册。当时正是冬天，由于没钱交暖气费，物业就把暖气停了，她们就穿着羽绒服在屋里干活，冻得手都拿不住鼠标，回到家也不敢跟父母说，怕他们心疼。

那年冬天，荣宇航在锻炼时把左手摔骨折了，打着石膏，她坚持把 50 本相册做完。她们这才知道挣钱比她们想象的更难，以前她们在妈妈的羽

翼下被保护着，风吹不着，雨打不着，过着安逸的生活。现在，她们要捅破爱的保护膜，去打造一片属于她们自己的天地。

2019年7月3日，荣宇航成为一名光荣的共产党员，"回馈党的恩情，传递人间大爱"成了她入党后的人生目标。"我们是被称为'折翼天使'的残疾人，虽然病魔困住了我们的肢体，但困不住我们的灵魂。我也能做一名志愿者，为社会做点好事、实事，帮助需要帮助的人。"这是荣宇航内心最质朴、最真实的想法。

她每月都会给残疾儿童康复中心免费送去她们自己做的花样馒头，经常参加残疾儿童融合活动，为康复中心设计精美喷绘图画。荣宇航还为建国小学贫困学生捐赠书、本和书包，总计2000元。荣宇航表示，自己还要在力所能及的范围内积极参加、组织志愿服务活动，回报社会，温暖家乡。

2020年，她带领的残疾人文化艺术服务中心获得"全国第二批残疾人文化创意产业基地"称号。

"我的人生就是一所大学，我已经读了二十几年，依然没有毕业，也许还要再读二十年、三十年。我坚信总有一天会走出这所大学，那时的我会像丑小鸭变成白天鹅一样，抖动成熟的翅膀，披着霞光去迎接新的未来！"荣宇航说。

张超凡

超越自己的平凡，为更多人创造不平凡

8 岁获得吉林省速滑大赛少儿组冠军；9 岁获得"全国中华魂书法绘画摄影大赛"国画、书法双金奖；19 岁以全国美术特长生状元身份考入北京工商大学艺术与传媒学院；23 岁放弃保研的机会回家乡长春创办东北三省首家国学书画院，并创建"超凡公益梦想课堂"，免费为 400 多名特殊孩子实现艺术梦想；26 岁作为最年轻的代表团成员在人民大会堂做"喜迎十九大——圆梦中国人"事迹报告会；27 岁作为中国脱贫攻坚宣介大使随国务院新闻办出访欧洲，向世界讲述中国故事，并创办"超凡梦想公益基金会"，累计募集资金和物资超过 1000 万元；29 岁受到国家最高领导人接见；30 岁，根据其事迹整理的《挫折也精彩》登上家乡的六年级教材……此外，她还获得过第八届全国道德模范、全国三八红旗手、中国青年五四奖章、全国向上向善好青年、吉林省优秀共产党员、吉林省有突出贡献专家、吉林省拔尖创新人才、联合国"全球青年抗疫榜样"等数十项荣誉。

如果单看这份辉煌的履历表，您会不会以为这又是一位"天才"？事实上，拥有这份辉煌履历的主人公，只是一位和你我一样的普通人，而且还是一位肢体不健全的普通人——张超凡。

"怪女孩"变身高考状元

1992年春天，在吉林省长春市绿园区的一个普通工人家里，一个粉嘟嘟的女婴诞生了。女婴很可爱，可惜天生没有左前臂，这让全家人高兴之余，心头不免蒙上了一层阴影。可能是为了祛除心头的阴影，也可能是为了表达一份真诚的祝愿，父亲为女儿取名"超凡"，希望她长大后能够超越平凡。

希望总是美好的，不过幼时的小超凡并没有表现出过多的超越凡人的天分，反而在渐渐懂事后，因为自己身体的残缺而吵过、闹过，进而自卑、自闭，整天把自己关在屋子里不愿意和别人交流，被人起了个外号叫"七号楼的怪女孩"。

如果事情一直这样延续下去，那么"怪女孩"可能会一辈子这么怪下去，也就不会有后来的张超凡了。幸运的是，小超凡遇到了一位能读懂人心而且很会教育孩子的奶奶。奶奶告诉小超凡："人可以平凡，但绝不能平庸。你不能因为身体上的残缺就放弃追求梦想，奶奶相信你用一只手也可以撑起一片晴空！"在奶奶的鼓励和带动下，她开始去工人文化宫学画画，去格林梦学游泳，去南岭体育场学滑冰，尝试和越来越多的人接触。在此过程中，她的绘画和滑冰天赋逐渐崭露：8岁时入选了长春市速滑队，并夺得了吉林省速滑大赛少儿组800米第一名；9岁时便通过了国画专业九级考试，给奶奶祝寿的作品《三千寿》更斩获了"全国中华魂书法绘画摄影大赛"金奖。

得到的认可越来越多，张超凡越来越自信，她开始勇敢地迎接更多的挑战——武术、骑马、打球、扎辫子、系鞋带……这些普通人做起来很容易或也有难度的事，凭借着比常人更多的努力，她都一一掌握。在生活上不断挑战自我的同时，她的学习也没有放松，2011 年，她以高出录取分数线 255 分的成绩成为全国美术特长生状元，如愿考入北京工商大学艺术与传媒学院，开始用画笔绘制自己的青春。

大学"开挂"，保送读研

进入大学的张超凡，丝毫没有放松对自己的要求，而是寻找一切机会锻炼自己。听说山区的孩子们没上过美术课、书法课，刚读大一的张超凡便自告奋勇地报名去支教。

那一年的夏天，张超凡顶着 42℃的高温在闷热的教室里给孩子们上课，她不仅教孩子们绘画、写字，还和孩子们一起谈人生、谈理想。看到她仅凭右手就将一根根铅笔削得又快又整齐，孩子们的脸上满是惊讶和钦佩。"小凡姐姐,你就像童话里的白雪公主,我们愿意做你的小矮人,永远守护着你。"听了孩子们的话,张超凡的眼泪一直在眼眶里打转,这段不算长的支教生涯,为她以后的创业埋下了种子。

大学四年,张超凡不断超越自我,先后获得"中华魂杯全国演讲大赛冠军""首都大学生诚信楷模""中国大学生自强之星""国家奖学金""CCTV 最美北京人""北京市三好学生""北京市优秀毕业生"等一系列荣誉。毕业前夕,她更是以连续四年专业综合排名第一的成绩,拿到了保送研究生的通知。让人没想到的是,她放弃了。问及原因,张超凡表示,那段日子,一篇讲述东北优秀人才大幅度外流,美育教育严重缺失的文章让她大受震撼,也让她想起了支教时遇到的孩子们,想起了从前在文化宫学画画的自己,想起了给予过她帮助的老师们,所以她决定回家创业。

回家创业,投身公益

创业,说起来容易,做起来难,对一个手有残疾的年轻女孩来说,更是难上加难。"听说这姑娘是从北京回来的,肯定在那儿混得不好,要不能回来吗?""90 后女校长,靠谱吗?""这个小姑娘恐怕连自己都需要照顾,怎么能教好孩子呢?"……质疑的背后,是更为现实的资金、场地、师资、生源等一系列问题与困难,对于当时只有 23 岁的张超凡来说,如山的压力让她再度有了放弃的想法。这时候,父亲的一句"你还记得我给你讲的那个用一只手撑起一片晴天的故事吗?我们不是说好了,既然选择了坚持,就应该全力以赴吗?"鼓励的话语,让张超凡重燃希望。

就这样,历经千辛万苦,2015 年 6 月,她创办的东北三省首家国学书画院——书山学府正式开班。她从一两个学生教起,把"互联网+"引入学校,开展知识性、趣味性十足的活动，渐渐地，学校的知名度越来越高，学生也越来越多。

就在书山学府逐渐走上正轨之际，张超凡又有了创办公益课堂的想法，而这一想法的初衷，来自一个叫李硕的小朋友。在一次试听课上，李硕坐在教室的第一排，表现得特别积极，下课时却哭着跑出了教室。经过了解才知道，李硕家庭生活困难，一家五口挤在 26 平方米的出租房里，母亲是残疾人，父亲是农民工。对他来说，学绘画是一种奢望。李硕的经历加快了张超凡做公益课堂的脚步。2015 年冬天，她用参加益智类答题比赛《一站到底》获得的 10 万元奖金，创办了"超凡梦想公益课堂"，并设立每年 30 万元的"超凡公益梦想助学金"，对来自特殊家庭的学生给予 3000 元—10000 元的助学资助，让他们能在这里免费学习艺术课程。

如今，成为第一批学员的李硕，已经是超凡教育集团"新时代筑梦展厅"的讲解员。2019 年 4 月，张超凡甚至带着李硕随国务院新闻办、吉林省人民政府出访欧洲，用流利的英文向世界宣讲，展示中国扶贫工作的成就，介绍全球减贫的中国方案。据不完全统计，从成立至今，近 8 年的时间里，"超凡公益梦想课堂"已经累计义务帮助 400 多名家庭特困、肢体残疾人员和孤独症儿童免费学习艺术。

在帮助特殊孩子实现艺术梦想的同时，2019 年 2 月，超凡教育集团还投资建设了"吉林省超凡梦想小镇"，总建筑面积达 35000 平方米，作为长春市无障碍爱国主义教育基地和新时代文明实践中心驿站，重点打造新时代筑梦展厅、青少年双创基地、残疾人创业孵化基地。至今已招募 1.2 万名新时代文明实践志愿者，受益的达 6 万人次。基地也因此荣获"全国青年文明号单位""全国十大阳光助残基地""吉林省关心下一代教育基地""四星级优秀社会组织"等数十项荣誉称号。

心怀大爱，志存高远

张超凡深知，在践行公益的路上，每个人就像萤火虫，无数萤火虫的微光汇聚在一起，就能照亮更远的地方。为此，2019 年，她联合多家知名企业发起成立吉林省超凡梦想公益基金会，并成为首任理事长。

2020 年年初，新冠疫情刚刚发生，超凡梦想公益基金会理事会成员第一时间募集款物 890 余万元，用于省内和国内重点疫情地区的捐赠和救助，直接为疫情最严重的湖北省 30 多家一线医疗机构进行了物资捐赠，为长春市朝阳区捐赠 55 万余元物资，为长春市经开区捐赠 63 万元物资，为长春市农安县捐赠 70 余万元物资，为长春市绿园区捐赠 60 余万元物资，并为长春市各城区街道社区、一线抗疫单位、环卫系统、医疗机构等捐赠总价值超过 300 万元的防疫物资……

暴雨无情，人间有爱。2021 年 7 月，河南部分地区暴雨导致洪水泛滥，基金会第一时间联合数十位爱心企业家，在短短 36 小时内采购了铁壳冲锋生命之舟、生活必需品等价值 50 余万元的物资，冒雨驰援河南新乡并展开救援工作，基金会获"河南省防汛救灾优秀志愿服务组织"荣誉称号。

2020 年至 2022 年，两次疫情，两场战斗，基金会捐赠物资也从口罩、防护服、护目镜、手套、食品、饮品、药品到防寒服装、消毒机、酒精、消毒液、中草药等。这一份份爱心捐赠温暖了很多人，也在特殊时期带给了大家共抗疫情的信心和决心。超凡梦想公益基金会自成立以来，累计募集资金和物资总价超过 1000 万元，持续开展了"抗战老兵关爱计划"、"温暖校园关爱活动"、防疫抗疫专项爱心行动、公益课堂等 10 余个公益慈善项目，受到了社会各界的广泛好评。

从自卑、自闭的身体残疾小女孩到眼里有光、无比自信的超凡教育集团董事长，从"七号楼的怪女孩"到一呼百应的吉林省超凡梦想公益基金会理事长，如今的张超凡，正像父亲期许的一样，已经超越了平凡，但她并没有选择躺在"功劳簿"上睡大觉，无论生活多么忙碌，她从未放弃过学习的脚步。2015 年年底，她考取了硕士研究生。2017 年至2018 年，作为大中华区学员，她两次入选清华大学苏世民夏令营计划。2022 年 8 月，她又以高分考入吉林大学马克思主义学院，成为一名博士研究生……

接下来，她将启动"爱满吉林·重掌人生"公益计划，为适龄的残疾中小学生免费安装智能仿生手，让他们能够像正常人一样，用"双手"拥抱生活，用奋斗谱写人生。

就像她自己在《生活总会厚待努力的人》一书中所说，这世界没有躺赢的捷径，奋斗的路，每一步都算数。

吴可彦

90 后盲人作家和他的亘古星河

第一次见到吴可彦是在第十四届海峡论坛上,他很年轻,戴着黑框眼镜,爱人搀着他的胳膊将他引到台上,他将自己的故事娓娓道来,黑色的西装让他更显沉静。

在接受媒体采访时,他谈哲学、谈真理、谈文学、谈写作。谈起残疾人文学,他说,残疾人文学是残疾人作者创作的文学作品,而他想加上间隔号,即"残疾·人·文学",如此一来,"残疾"就变为一种属性,它表示人都是残缺的,人的生存、看法都是有限的。而文学同样有限,被作者能力所限,被社会状态所限。

"作家是渺小的,但文学的力量是伟大的。"吴可彦对此确信不疑,"'文学'应该不断地超越,应该支撑起、扩展开'残疾·人',能够支撑起、扩展开'残疾·人'的作品会成为经典,因为无论什么时代的人都需要这样的文学作品。"

说这话时,吴可彦好似坐在一片黑暗中,背后却是亘古星河。

少年可彦的烦恼

吴可彦还在读小学六年级时，脑子里开始出现很多想不通的问题：为什么自己的球技突然退步了，踢球时，抬头看不见球，低头看球就看不见身边的人？为什么骑车上下学时，明明注意了交通安全，却总是发生碰撞？为什么光线只要稍微暗一点，自己就陷入一片黑暗？

"我说了很多次，但家人都不信。这种情况大概持续了一年，经过我的反复强调，13岁时，家人带我去医院检查，确诊我的眼睛是视网膜色素变性。医生说得很清楚，我的视力会逐渐下降，视野会逐渐缩小，直至完全失明。"

起初吴可彦只是视野狭窄、无法分辨颜色，后来越来越看不见书上的字，从借助放大镜到使用电子助视器，眼睛的可用时间越来越短，看一会儿书就非常疲惫。视力每况愈下，吴可彦不知道自己什么时候会彻底失明，对黑暗的恐惧时刻折磨着他。最后终究是要看不见的，他不知道自己努力的意义是什么。

身体的障碍加上思想的困窘，初中成为他最痛苦的三年。当时他还在普通学校读书，老师和同学都对他非常关心和爱护，但越是如此，他越觉得自己跟别人不一样，神经越是紧绷。

痛苦催生哲思，特殊的经历让他更显"早慧"，十来岁的孩子开始思考人生的意义。"我想成为哲学家，寻找生存的意义。"这几乎成为他当时的倚仗。

吴可彦酷爱读书，即便视力微弱，初中阶段他还是坚持阅读了大量东西方经典著作，尤其是哲学书籍。吴可彦读书的方式很"奇葩"，他每次拿十本书放在书桌左边，每一本读十页，读完十页后放右边，再读下一本书的十页，以此类推，十本书里哪本读完了，就更换下一本。然而有一本书一直都在，这就是《庄子》。

"执道者德全，德全者形全，形全者神全。"《庄子》中关于"德全"的说法，让吴可彦对自己有了新的认识。"身体上的残缺是小事，精神品质的美好才是重要的，这个说法对当时的我有很大帮助。"吴可彦称《庄子》为"书中之书"，即便到今天，他也会反复阅读、日读日新，如果流落荒岛时只能带一本书，他一定会选择《庄子》。

直面荒诞

16岁那年，他读到了卡夫卡的《变形记》，主人公一觉醒来莫名其妙异化成甲虫的故事让他醍醐灌顶。"之前我一直想不通，为什么偏偏是我的眼睛出问题，为什么偏偏是我跟别人不一样。卡夫卡的小说写的就是这样的莫名其妙，但它把我一直在追寻答案、追寻真理的状态给按住了，它直接让我面对一种荒诞的处境，让我去直接体会荒诞的处境。"直面荒诞，吴可彦不再挣扎，不再悲愤"为什么"，他决定高中去盲校读书。"一直以来我非常排斥去盲校，因为这代表我承认自己是残疾人，那时我还能看见一点，《变形记》让我开始直面自己的处境。"

此后，吴可彦又读到了博尔赫斯、海明威、加缪等几位对他影响至深的作家作品，尤其是盲人作家博尔赫斯，他双眼逐渐失明的经历和令人惊艳的作品让吴可彦深受震撼和鼓舞。"他们在用写小说的方式寻找真理。"吴可彦立志要从事文学创作。在盲校的三年时间里，他每天坚持数万字的阅读量，并以其独特的感悟和视角创作了不少诗歌和短篇小说。

然而，吴可彦的文学创作之路并不被看好，大家都劝他认清现实。高三那年，父亲还特地带他拜访了当地的一位诗人，答案依旧——他靠文学无法谋生。于是吴可彦在高考时决定读针灸推拿专业。"我当时就想，我要把按摩做经济基础，用文学做上层建筑，只要把按摩本领练在两只手上，生活就没什么顾虑了。"

2009年，吴可彦考入长春大学特殊教育学院。大学期间，吴可彦一边学按摩一边写作。大五那年，在强烈的危机感的驱使下，他完成了人生中第一部长篇小说《星期八》。"那时我觉得大学毕业后就要去盲人按摩店工作了，以后可能没机会写小说了，我想给自己的文学梦画一个句号，就写了《星期八》。"

直面荒诞给了吴可彦额外的惊喜。这部带有悬疑科幻色彩、长达26万字的小说很快受到了福建省残联、福建省作协的关注，并被资助出版发行。在漳州市第八届百花文艺奖的评选中，《星期八》从参选的193件文艺作品中脱颖而出，获得一等奖。

"拖"住时间

实际上，《星期八》完成后不久，吴可彦的世界就彻底陷入了黑暗。

从 13 岁到 24 岁，一块大石头终于落了地，他笑称"当年医生预测的还是很准的"。

失明对吴可彦的创作影响并不大，当时他已经借助读屏软件，不用眼睛就能写作了。他告诉记者，黑暗帮他斩断了更多来自外界的诱惑和干扰，让他"拖"住了时间。

吴可彦对时间似乎格外敏感。在《星期八》中，主人公吴不器就获得了时间的馈赠，每周多出来一天，然而却又有各种花招把时间劫掠回去，多出来的一天终究是虚幻的。

如何"不器"，把时间的礼物拿到手上？

在吴可彦看来，时间分为两种，一种是钟表上可视的公共时间，一种是专属于自己的"本真时间"。"在进入写作状态时，我常常感觉只过去了一瞬间，但每当我告一段落，却发现已经过去了两三个小时。对我来说，这两三个小时被我'拖'走了，拖进了一个专属于我的世界。"

《星期八》之后，吴可彦一直在通过写作"延长时间"。八年来，他笔耕不辍，创作了短篇小说集《八度空间》、诗文集《血河集》、长篇小说《茶生》、短篇小说集《小梦》、长篇小说《盲校》和儿童文学《地球少年》。

"一个人只要选择了写作，那么他经历的一切不幸都不再可怕，因为它们已经成为写作的素材。"博尔赫斯如是说。而以前吴可彦在写作时虽然会借用生活中的人物原型，却从来不碰盲人题材。

"一直以来，眼睛是我的一个痛点和弱点，我有心理障碍。但27岁、失明三年后，我想明白了一件事，作家就是要把弱点拿出来剖析。"于是，吴可彦开始动笔写《盲校》，写高中三年的经历。

2020 年，《盲校》在文学杂志《作品》上发表，随即被影视公司选中，目前正在进行影视改编。

　　此外，他的短篇小说《白云女孩》获第三届启明儿童文学奖；《梅花谱》获福建省 2017 年优秀文学作品奖；在福建省作协和省图书馆联合评选的五届"福建文学好书榜"中，吴可彦的作品三届上榜；2018 年，他加入中国作家协会，成为福建省最年轻的中国作家协会会员；福建省残联还为他颁发了"省自强模范"的荣誉称号；2021 年他又获评了 2021 年度中国残疾人事业新闻人物。

　　"一个作家的终极作用也许是给人类文明留下几个句子，留下一点思想，留下几个人物形象，绝大多数作家当然都没有做到，这不仅要靠努力，还要靠缘分。"吴可彦说。他所能希望的，只有下一本书可以写得更好。

邓后扩

生活给我以痛，我却报之以歌

电影《阿甘正传》里有句话："生活就像一盒巧克力，你永远不知道下一块是什么味道。"男主角阿甘因从小就被人嘲讽是低能儿，只能靠不停地奔跑才能躲开那些人，找到生活的希望。

今年52岁的邓后扩就是一个阿甘式的传奇人物：24岁因一场意外而目盲，25岁与跑步结缘，31岁第一次参加正式的残运会，32岁参加全国残运会，48岁重返赛场……如今的他虽已不再频繁活动在赛场上，但只要一换上赛服，冠军风采依旧夺目。

24岁，右眼意外失明

24岁时，邓后扩拥有一个不富裕但幸福的三口之家。当时的他对未来充满幻想，然而一场意外却打碎了他所有希望。

"那时我还是一个水泥匠，有一次在合川老家帮亲戚修房子，石灰桶突然炸了，我的双眼、脸，甚至整个头部，全都被高温石灰烫伤。"

回想当时的事发经过，邓后扩忍不住哭出来，伤痛至今记忆犹新。

"我的眼睛、脸上火辣辣地疼，我下意识地跑到旁边的水田，用冷水不停地冲洗，后来在同事的搀扶下前往合川区人民医院治疗。"邓后扩回忆道。医生见到他满脸伤痕，吓了一跳。邓后扩说，医生为他清理石灰后，打了止疼针和消炎药，但伤情并未得到缓解，尤其是他的双眼伤得很重，几乎睁不开了。

后来，他又前往合川区中医院眼科继续治疗了两个月。命运跟他开了一个玩笑，医生最终不得不宣布，他的右眼永久性失明，左眼仅仅保住了微弱的视力。

25 岁，偶然与跑步结缘

双眼几乎全盲的邓后扩结束治疗回到家，整日都在痛苦的深渊里煎熬，不敢面对残酷的现实。他说，那是他人生中最灰暗的一段时光。

直到有一天，邓后扩因看不清在院子里摔倒了，2 岁的儿子看到后被吓哭。孩子的哭声瞬间把邓后扩惊醒了，他告诉自己不能再这样下去了。

第二年，逐渐走出阴影的邓后扩和妻子在农村老家开了一个小卖部。没想到小店越做越大，邓后扩有时还会挑起担子到附近的村子做买卖。更没想到的是，因为长期挑担子走路，邓后扩的体力越来越好。这时，邓后扩惊喜地发现，他竟然喜欢上了跑步。

"跑步的时候，我能忘掉一切烦恼，只想着向前冲。"邓后扩说。

经过细心经营，小店的生意步入正轨。邓后扩用赚来的钱给家里添置了一台小彩电，这台小彩电成了他与跑步结缘的媒介。

"我在这台电视上看了 1996 年亚特兰大奥运会。看到王军霞获得女子长跑冠军时，我特别激动。"这场比赛让邓后扩的心里悄悄有了一个跑步的梦想,那就是通过跑步来改变命运,做一个身残志坚的人。

一头是梦想,一头是现实,他都不想放弃。为此,邓后扩创造性地想到了一个既不耽误工作又能帮他完成梦想的训练方式,那就是利用挑担子走街串巷的空隙,在乡间小路练习跑步。

从此,邓后扩的跑步生涯正式开始。他每天一练就是 10 公里,一周跑6 天。"每个月,我都会挑着担子从合川跑到盐井,往返 30 公里,认识的人看到我,都觉得我是疯子,但我不在乎。"在日复一日的练习中,邓后扩跑得越来越快。

31 岁,首战残运会

尽管练习了三年,邓后扩却一直没机会参加真正的比赛,直到 31 岁这一年,命运终于送给他一份大礼。

邓后扩说,那是 1999 年,有一天他挑担子出去卖货,遇到一位残疾退伍军人。对方看他虽是残疾人却跑得很快,决定推荐他去参加即将举办的合川区残疾人运动会。经过跑步测试,邓后扩以优异的成绩正式入选。

"最后,我赢得了男子 400 米组、800 米组和 1500 米组的冠军,获得了 150 元钱和 3 件短袖的奖励。"邓后扩说。虽然钱不多,但拿冠军得到肯定,比什么都让他开心。

同年 9 月,邓后扩又参加了重庆市残疾人运动会选拔赛,并获得了男子 400 米组和 800 米组第一名。这次比赛为他打开了 2000 年在上海举行的第五届全国残疾人运动会选拔赛的大门。

"自从发生意外后,我从来没想过自己的人生还能这么精彩。"邓后扩骄傲地说。

32 岁，不完美成就完美

回忆起第五届全国残疾人运动会，邓后扩用"惊险"与"完美"来形容。

"当时组委会觉得我年纪大了，没准备让我参加集训。后来经过合川区残联向市残联积极推荐，我才能够参加。"可集训没多久，邓后扩的身体出了问题。因为旧伤复发，他的腿部一颗火疮发生感染，只能去医院就诊。经过 45 天的治疗，邓后扩终于归队。而此时，离赴上海参加比赛仅剩两周时间。

由于长时间的治疗，邓后扩错过了集训。在 5000 米长跑测试中，由于害怕腿上伤口裂开，邓后扩没有用尽全力，最后成绩没达到参赛标准。

"我一听就急了，好不容易走到这一步，不能就这样放弃。"邓后扩找教练说情，争取到一周训练的机会。一周后，邓后扩再次参加 5000 米长跑测试并达标，获得了参赛资格。最后，邓后扩以视力障碍男子组 1 万米第 3 名和半程马拉松第 4 名的成绩完美地回报了自己。此后，邓后扩又参加了 2003 年在南京举行的第六届全国残疾人运动会选拔赛，取得了视力障碍男子组 1 万米第 5 名和半程马拉松第 3 名的好成绩。2004 年，36 岁的邓后扩在合川区残疾人运动会选拔赛中再次夺冠，还帮家乡"赢"（修）了一条路。"田野上跑出来的冠军"从此在当地名声大噪。

48 岁，重返赛场

2007 年，在合川区残联的介绍下，39 岁的邓后扩来到重庆远大印务有限公司担任面点师，并一直工作至今。虽然不再频繁出现在赛场上，但他仍然默默捐助盲校学生，为残疾人基金捐款，用奔跑鼓励其他残疾人。

2016 年，远大印务公司决定参与 2016 重庆国际马拉松赛，48 岁的邓后扩重返赛场，带领公司同事们继续追逐梦想。2019 年，远大印务公司组建了"跑跑团"，由他带领定期参与各类体育锻炼活动。

从 25 岁起，邓后扩的人生就在奔跑中度过。跑步不但让他忘记了自己是一个残疾人，还给了他一次次的荣誉。在"2019 两江榜样"评选中，邓后扩获评文明风尚"两江榜样"。

这个从田野间跑出来的冠军终是对生活喊了一声："你打不倒我！"

张志忠

在轮椅上追逐摄影梦

张志忠，浙江省丽水市缙云县双溪口乡人，中国摄影家协会会员，中国摄影著作权协会会员，丽水市残疾人摄影家协会会长。

张志忠2岁时不幸得了小儿麻痹症，导致双腿残疾。从小学到初中，都是姐、弟和同学轮流背着他上学，他的成绩一直都是班里第一。毕业后，生活条件不允许他再继续学习了，他陷入了迷茫，妈妈要他学算命测字，爸爸要他学电器维修，可他偏偏选择了摄影。

一个行动不便的残疾人，怎么走摄影之路呢？

有个前辈告诫他，说他的双腿残疾，行动不便，不适合干照相这一行，可张志忠没听他的话，坚信自己能够坐着轮椅追逐自己的梦想。

最初，张志忠摇着手摇车，走村串户为村民流动拍照。当时他没有拜师学艺，只是买了一些摄影书刊自学。后来他的摄影技术日臻完善，得到了客户认同。当第一次从顾客手中拿到钱时，他的心里特别高兴，照相让他能赚钱养活自己了。

20世纪80年代末，张志忠在车站公路边开了一家照相馆。因为在技术上精益求精，加上为顾客提供的服务良好，他的生意日见兴隆，解决了自己的温饱问题。

但张志忠从没放弃过搞摄影艺术创作的念头。1999年，第四届中国摄影艺术节开办，当摇着手摇车、胸前挂着照相机的张志忠出现在丽水耐爱斯广场时，一下子成了摄影家们的焦点。有家省级电视台要给张志忠做个专题采访，他说："等我拿了全国摄影金奖再来采访我吧。"

2011年12月，张志忠在《都市快报》上发表处女作《我的座驾六人抬》，从此一发不可收。

2013年，丽水市摄影家协会和缙云县三溪乡联合举办首届"三溪人家"杯摄影大赛。为了拍摄参赛作品，张志忠经常往离家20多公里的三溪乡跑。有一次，张志忠清晨5点起床，启动机动轮椅车前往三溪村，到余山村的路上俯拍三溪全景。没料到去余山村的道路非常陡峭，三溪村被山峰、树木、竹林挡住了视线。张志忠内心非常着急，所幸当他行驶到一条机耕路上时，发现对面山坡上的晨雾交织着初升的太阳，阳光反射，搭配上秋天的田野、乡村的民房，圣洁而美丽。张志忠非常激动，连连按下快门！

功夫不负有心人，张志忠的作品《三溪人家》荣获大赛一等奖。

2014年7月，张志忠荣幸地入选浙江省残疾人摄影家代表，与中国残疾人摄影家代表一起访问澳门。2015 年 7 月，张志忠的作品《赛马》荣获第五届全国农民摄影大展艺术类金质收藏奖。当坐在轮椅上的张志忠出现在领奖台上时，组委会才知道他是个重度残疾人，都感到惊讶和佩服。

此后，张志忠继续参加各类培训，哪里有摄影讲座，他都尽量抽出时间前往学习。他孜孜不倦地学习摄影创作技术和理论，把每一次成功、每一次获奖都看作新的起点。2017 年，张志忠被推选为丽水市第七届残疾人代表大会代表；2018 年，他受邀出席了第二届浙江省残疾人书画摄影大赛作品展；2018 年，他是中共丽水市委宣传部举办的丽水摄影研修班学员，还多次参加省残联摄影技能培训。

2019 年 1 月，《乡村梨花开》荣获首届"中国·成都国际残疾人摄影展"优秀奖；《见证金婚》入选 2019 浙江纪实摄影大展"浙江记忆"特别展。2019 年 7 月，他获得丽水市第四届残疾人职业技能竞赛摄影分赛区第一名，被丽水市残联、市人力资源和社会保障局授予"丽水市技术能手"荣誉称号。2021 年，他荣获浙江省第二届"最美残疾人"称号。2022 年，他荣获"丽水市自强模范"称号。

如今的他，盖起了宽敞的三层新楼房，有幸福美满的家庭，有勤劳善良、贤惠能干的妻子，有聪明伶俐、调皮可爱的女儿，一家人生活愉快，其乐融融。

现在，张志忠加入了中国摄影家协会。对于张志忠来说，摄影是一个梦，一个轮椅上的梦，他将用手中的镜头对准五光十色的世界，记录绚丽的人生。

 **戎开雨**

"开"窗，观"雨"，现彩虹

上帝给你关上一道门，同时给你打开一扇窗。

"是的，上帝关闭了我耳朵的大门，同时又帮我在耳朵旁边打开了一扇人工耳蜗的天窗。"他常这样调侃，"我具备了脑机接口，是地道的'人工＋智能＝机器人'。"

他就是戎开雨。

小时候发烧用药不当，导致他一度生活在无声世界中，全家人四处奔波、求医问药，5岁时，他植入人工耳蜗，重获新"声"。

此后，戎开雨苦练口语、听力，终于走入健全人的行列。他把海伦·凯勒"我努力求取知识，目的在于希望日后能使用，为社会贡献一点力量"这句话作为他的座右铭。他常常对照海伦·凯勒的《假如给我三天光明》思考他的"假如给我三天听力"，激励自己。

求学路上历尽艰辛。一开始由于不适应设备，他在学习中需要克服比别人更多的困难，每次上课都需要更专心地听，确切地说是"看"老师讲课，课下再努力地钻研课本。"苦难是一所大学，不幸是人生的老师。"

　　巨大的磨难造就了他坚定刚毅的性格和吃苦耐劳的精神，形成了他善于观察、勤于思考的学习习惯，也赋予他良好的悟性，他具备了超强的绘画天赋，具备了超强的自学能力，从而奠定了他与健全人比拼的良好基础，使他在求学的道路上成绩超越绝大多数同学，一步一个台阶地升入所属区域的最好学校。

　　"按照一般人的观念，特殊人就应该在特殊学校上学，而我就是不走这个寻常路。"从小学开始，他便选择在居住地片内的普通小学就读，他的学习成绩非常好，经学校推荐，被共青团邯郸市委评为"邯郸市十佳少先队员"。初中时，他考入邯山区重点中学，学习成绩继续领先，被学校树为"励志之星"，并被推荐参加了"河北省2012'感动校园人物'评选活动"。高中阶段，他升入全市排名第一的重点高中，在学霸如林的环境中，他勇于拼搏，被学校授予"自强不息"荣誉称号，取得学校和团市委最高奖学金。

　　高考时本应能考入全国985重点高校的他，却意外失利，仅被省内211重点高校录取。在考虑是否复读时，爸爸风趣地说："我们还是循序渐进吧，本科先在这个省内排名第一的重点高校学习，留点儿进步空间，读研的时候再进入全国重点高校岂不是更加完美？人要像爬楼梯一样，一步一个台阶，不越级，更稳当。"

　　本着这一信念，在本科学习中，他有了明确的努力方向——争取保研。入学后，老师的关怀、同学的帮助，以及良好的校风，让他深深地爱上了这所学校，更给他增添了无穷的学习动力。也正是这所学校让他充分展现出自己应有的学习能力，成就他把不可能变为现实。

　　他的学习成绩一路领先，以专业全校第一的成绩毕业，总绩点3.94，第三学年绩点4.0，加权平均分95.53。他专注于科学和社会实践，撰写并发表了大量科研论文，积极参加各项赛事活动，获得国家励志奖学金，并获得省级"优秀毕业生"称号，在励志成才优秀大学生报告会上发表演讲，在第四届全国大学生"环境风云"实验大赛中获得一等奖，在年级中首批被批准加入中国共产党。由于事迹突出，他还被学校融媒体中心官方微信公众号，以《最美河工人——"雨"无声处听惊雷》为题，做了宣传表彰。

"一定要对自己有信心！把最好的自己展现出来，就没人会在乎你的客观条件了。即使这个世界存在一些歧视，也不要忘记自己奋斗的初心。"他认真地说，"努力，不只是为了摘下被别人贴上的不属于自己的'标签'。"

以排名第一的成绩拿到保研资格后，在选择保研学校时，他根据自己的成绩，结合往年本校保研成功的数据，满怀信心地报了某个学校，在投送简历、考试、面试等各个环节都顺利完成后，却始终等不来消息。面对他们的"不友好"，他沮丧至极，万念俱灰，不得不再次紧急重新选择学校。在保研工作即将结束之时，南开大学、北京师范大学和北京大学都向他表达了录取意向，最终他心存感激地谢绝了其他两所学校，选择了国内著名高校——北京大学，正式成为北大工学院 2020 级硕士研究生，迎来属于他的柳暗花明。

进入北大，圆了他的名校梦，在感到无比荣耀的同时，他又意识到了众多的责任：要报答父母的超级付出，要不辜负学校的温情接纳，要对得起北大的光荣称号，要成为励志成才的榜样，影响更多的残疾青年自强不息，给残疾人争气。他更加刻苦学习，钻研科技，并积极参加社会实践活动，努力锻炼自己的社会服务能力，各项工作冲在前面。

"学生首先是以学习为主，作为研究生一定要在科研上做出一些成绩。"他说。日常生活中，他根据自身研究方向，主动争取好的前沿科技项目，认真研读课内外有关书籍，查阅专业文献，开展科研工作。他在"五波长吸收光谱水质多参数在线分析仪"科研项目中担任项目负责人，带领团队，以选题前沿实用、资料真实可靠、研究方法正确、所得数据翔实、报告结构规范，荣获北京大学第十一届"挑战杯"五四青年科学奖竞赛（正赛）一等奖，初步表现出坚实的科研能力。

"人们注定要走向社会，书本知识固然重要，社会实践必不可少。"为了获取服务社会的实践经验，他积极参加了"知行计划"2022年地方党政机关暑期见习实践活动，利用一个月的时间参访革命圣地、寻访国计民生，深入党政机关工作岗位，在身体力行中感悟中国社会运行规律，亲身参与乡村振兴等国家战略在基层一线的实践，并发挥所学所长为地方建设贡献才智。在福建平潭，他深入基层一线开展调研，结合平潭实际情况，为发展"绿色产业"提出14条可行性建议，最终形成1万余字的调研报告，所在团队被评为"优秀团队"，这增强了他建功基层、服务社会的职业理想。

他结合自身特点，积极参加社团活动，入学不久就加入了北京大学社团群体"爱心手语分社"，并担任副社长、团长等，定期组织手语教学、校内定向、聋听交流等20余项活动，致力于传播手语文化，推进聋健合一，为社会奉献爱心，获取了活动策划、外联宣传等相关社会经验。

在担任学院团委宣传部副部长期间，他利用自己的绘画天赋对学校微信公众号等给予美工支持，设计了包括院衫在内的多种文创作品。他自创微信公众号"雨碎碎语"，用绘画表达心声、讲述故事，宣传社会正能量，陶冶情操。

　　戎开雨身体虽然存在缺陷，但他从不避讳。现在的他阳光、健谈，在与人交流上与健听人无异，甚至能更广泛地使用高科技产品，显示更多的"特异功能"。如，专属翻译软件，蓝牙、超级聚焦、立体聚焦、定向调频技术等，都是他超越他人的人生助力。

　　在逆境中迸发出昂扬向上的勇气和力量，不畏艰险，排除万难，不甘示弱，去争取更大的收获与成就；默默无闻，无私奉献，为社会增添光彩；脚踏实地，自强不息，用实际行动证明自己，自尊、自信、自强、自立成为生活的主旋律。——这种精神的力量一直支撑着他。

张尚保

医者仁心，做村民的健康守护者

在位于吕梁山西麓的山西省吕梁市石楼县铁头村，只有一只手的乡村医生张尚保每月都要进村入户巡诊。翻过了一座山，越过了一道弯，眼前又是一道道山，已逾花甲之年的张尚保日复一日在山间穿行，为分散居住的村民们送医送药，用自己的敬业爱岗守护着全村（5个自然村）上千口人的身体健康。在这条一眼望不到头的山路上，他已经走了47年。

为村民健康，回村当起了村医

也许是从小就在村里长大的缘故，也许是看不了村民无医救治的悲剧，初中毕业后的张尚保选择了学医，并立志做一名守护村民健康的好医生。

1976年，张尚保从义牒卫校中医专业毕业后，就回到了村里，当了一名在当时被称为"赤脚医生"的村医。从此开始了他一边搞生产，一边行医，一边向村里唯一的一位老医生学习的生活。

1978 年，从吕梁卫校毕业，张尚保本可以留在城市，但他仍然选择回到村里为民服务。天生的善良养成了张尚保为人和善、平易近人的性格；艰苦的环境练就了张尚保坚韧不拔、吃苦耐劳的品格。

在当时的条件下，村医都是肩背药箱，徒步行医的。由于地处偏远山区，张尚保每一次出诊就像一名战士负重越野一样，不仅长途跋涉，还要翻山越岭。当他看着患病的村民逐渐好转后，内心满满的成就感就会为他增添无穷的力量。就这样，张尚保服务着 5 个村子上千口村民，日复一日、年复一年，不论是烈日炎炎的夏季，还是寒风凛冽的冬天，患病的村民家中都会有张尚保的身影。

帮村民打麦，不幸遭遇了事故

1995 年夏天，正值小麦丰收的季节。晚上，张尚保为同村村民贺林喜家打小麦，由于长时间熬夜，神志有些迷糊的他不慎将右手伸进了机器中，致使右手截肢，变成了残疾人。

不幸就像魔咒一样，突然降临在了这个本来就很艰难的中年人身上，这让上有老、下有小的张尚保一下子失去了对生活的信心。看着孩子天真的笑脸、妻子悉心的照顾和村民们期盼的眼神，张尚保想通了一切、看开了所有，以常人难以想象的毅力重新振作起精神——他站了起来。用他的话说就是："大不了从头再来。"

在家休养了几个月后，张尚保又回到了村民们的身边，他学着用一只手写字、打针、输液，又学着用一只手下地干活、上山打柴、收拾家务，张尚保变成了一个和常人没有区别的人。

骑摩托无望，徒步行医 40 多年

随着社会的发展，摩托车已成为当地村民出行的主要工具。为了方便行医，张尚保也曾萌发骑摩托的想法，但失去了右手的他无奈地接受了只能徒步的现实。

张尚保所在的村子在大山之中，而且还是 5 个相对分散的自然村，其中有两个村还在大山的另一边。为了减少行走时间，每次张尚保去山那边行医，都会选择蹚河、爬山，久而久之，山上就被张尚保走出了一条小路。若遇雨雪天，张尚保每一次出诊都是连爬带滚、身心疲惫。他说："摔倒了就再爬起来接着走，过不去了就绕着走，因为看病比辛苦更重要。"

张尚保的床底下摆满了几十双破旧不堪的鞋子。在外人眼里，这些破旧的鞋子一文不值，或者早就该扔掉了，但在张尚保心中，这些破旧的鞋子却承载着他多年徒步行医的辛酸记忆，而且在遇到生活不便时有的旧鞋子还是可以继续陪他出诊的。

既当行医者，又当村民贴心人

在农村行医是有其特殊性的。40 多年里，张尚保不仅是坚守在农村医疗卫生第一线的村医，而且还当起了村民的贴心人。不管白天黑夜，随叫随到是他的行医准则；走心服务、贴心照顾更是他做人的基本原则。1982 年，村里有一位名叫霍光正的老人，妻子早年过世，两个女儿均已出嫁的他平日里都是一个人生活。有一次，霍光正由于感冒引发了肺炎，情况非常危险。张尚保得知消息后，不仅为老人进行了治疗，还留下来照顾起了老人，护理他吃喝拉撒 10 余天。老人病情好转后，张尚保却只向老人象征性地收取了连成本都不够的医药费。同村的贺林喜 8 年前患上了脑梗，张尚保就坚持每天上门护理，从没有间断过。贺林喜的老伴每每提及此事都会流下感激的泪水，她说："没有张大夫就没有我们家的今天。"

住进卫生室，保质保量完成任务

近年来，随着基层医疗卫生事业的发展，国家对群众健康的关注政策越来越多，对于张尚保来说，压力也是越来越大。为了给重点人群做好普查、建好档案，每半年张尚保都会在村卫生室住上一段时间。

只有一只左手的他要想在规定时间内完成所有工作是想都不用想的，所以每年普查前他都要提前住进卫生室，白天走村入户，了解情况，晚上再加班加点填写档案。有时一天只能吃一顿饭，一天只能睡两三个小时。家里人都埋怨他钱赚不了几个，还要连自己也搭进去，他却只是笑笑不做任何回答。

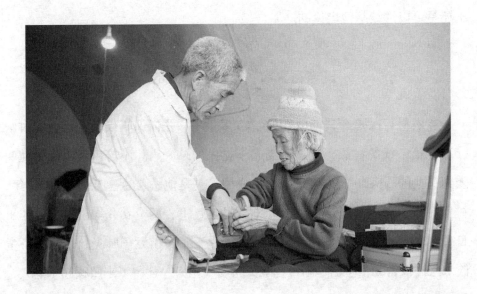

到龄不退休，站好最后一班岗

这些年，随着社会的发展，村里的年轻人或是搬进了县城或是常年外出务工。看着一批又一批的人离开了村里，张尚保也曾动过离开村里的念头，但转念一想，他走了，村里人有病了怎么办，所以离开的想法就此打住。

2020年3月，张尚保到了退休年龄，很多人以为他这下一定会离开村子，但他却没有办理退休手续，也没有离开村子。他说，因为村里再没有医生，村民们还需要看病，他要为村民们站好最后一班岗，除非村里再来个医生，除非自己干不动了，否则他就不会离开村子。

奋斗一辈子，感人事迹被"曝光"

2020年，张尚保被评为吕梁市"2019度十大最美乡村医生"，他的感人事迹被县电视台做了报道，省、市电视台也先后进行了报道。2021年元旦前，张尚保的事迹又被中央电视台元旦特别栏目《用你我的故事，点亮2021》导演选中，感人的画面在央视一套进行了播发。此后，张尚保的事迹先后被《吕梁日报》、《人民日报》、新华社、中国新闻网等多家媒体进行了宣传，新华社还专门驱车前来村里进行了蹲点记录，并以中英文的形式向国内外进行了报道。2021年，张尚保当选为中国残联2021年度专家提名新闻人物（本年度新闻人物10名，专家提名新闻人物10名，山西省仅此一名），被吕梁市授予"第七届吕梁敬业奉献道德模范"称号。

然而，在每次参加完颁奖活动、录制完电视台的专题节目后，张尚保依然会回到村卫生室，或整理家庭医生签约服务资料或再次挎上药箱，朝着那个熟悉的山头走去……如今，已到退休年龄的他，退而不休，继续用走心服务坚守在村医的岗位上。

陆 鸿

带领残疾员工走上共富路

有人一生迟疑，从不行动，而他从不抱怨，只想扼住命运的喉咙。

能吃苦，肯奋斗，有担当。似一叶扁舟，在急湍中逆流而上；如一株小树，在万木前迎来春光。

他，就是"感动中国2022年度人物"、苏州缘跃纸制品有限公司总经理陆鸿。

当陆鸿摇摇摆摆地走进灯火辉煌的演播大厅，神采奕奕地站在星光闪耀的舞台中央，他逆风翻盘的创富故事，不仅赢得了央视著名主持人白岩松的倾情点赞，更赢得了全场的热烈掌声。

意外致残，逆风而行，赢得美好爱情

1979年，是一个生机勃勃的年份。陆鸿出生在苏州吴江的一个幸福家庭，父亲是一家工厂的副厂长，母亲是当地出了名的裁缝。

然而，天有不测风云，命运跟襁褓里的陆鸿开了个天大的玩笑！他十个月大时，突然大病一场，高烧不退。送到医院时，陆鸿浑身抽搐，陷入昏迷，医生见此情况直摇头。在母亲的一再坚持下，经过医院及时的抢救，陆鸿总算保住了性命，但却留下了非常严重的后遗症——小脑指挥失调，他成了脑瘫患者。

儿时，陆鸿因说话结巴、走路跌跌撞撞，常被人嘲笑，很少有人愿意跟他一起玩，他孤零零地生活在自己的世界里。

好在父母很爱陆鸿，对他不抛弃、不放弃，让他和别的孩子一样上学，接受教育。只是行动不协调的陆鸿上不了体育课，写字很慢，考试时常常做不完考卷。

但陆鸿很要强，他牢牢记着母亲说的话——身体残疾不代表心灵残疾，自己本来就比别人落后，那就用更多的行动和努力追赶上去！

中学毕业，陆鸿考上了一所中专。中专毕业，全班五十多个同学都被学校安排的定向就业单位接收了，只有陆鸿，因为残疾而被拒绝。

面对无情的打击，青春年少的陆鸿不愿服输。他跑了一家又一家单位，一次又一次被人残酷地拒绝，甚至有的企业还把他当"傻子"、当乞丐，将零钱扔到他的面前……

祸不单行的是陆鸿的父亲得了重病。父亲偷偷和母亲商量，想要放弃治疗，把钱留下来给陆鸿。

听说叔叔开的白铁皮厂在招学徒，陆鸿二话不说就过去了。尽管厂子离家有二十几公里，但陆鸿很看重和珍惜这份来之不易的"工作"。陆鸿风雨无阻，每天艰难地骑自行车往返50公里，不知摔了多少跤，但他始终坚持早上第一个到达工厂，晚上最后一个离开。

为了自食其力，再苦再累，陆鸿都觉得值得。两年学徒期，他勤学苦练，扎实地掌握了敲白铁皮的手艺。2002年，他先是在路边摆摊修自行车，后来母亲帮他凑了些钱，租了一个门面，添置了锅炉，他一边烧开水卖，一边敲白铁皮。

从开店的第一天起，陆鸿就用心对待每一位顾客。人们被他的勤奋和真诚所感染，不再叫他"傻子"，改口称呼他"小陆"了。这实实在在地给了陆鸿挺直腰杆的自信。年轻的他也有了和女孩接触的底气。

隔壁摆菜摊的沈春妹不只漂亮，人也很善良，她深深地吸引着陆鸿的目光。每次偷偷看她一眼，陆鸿就觉得很知足，从帮她收摊、买水，到嘘寒问暖送礼物，渐渐地，沈春妹被他的踏实和坚韧所征服……

起初，沈春妹的家人不同意他们谈恋爱。陆鸿就迂回行动，通过沈春妹的舅舅去说服她的母亲，两人牵手走进了神圣的婚姻殿堂。不久，他们有了活泼可爱的女儿。"我的故事都有你，所以我才能走到现在。"陆鸿感到人生更有奔头了……

艰苦创业，自助助人，共富人生更出彩

陆鸿喜欢读书思考，他从不满足于现状。在妻子的支持下，他从开水店到报摊，再从电话亭到碟片店、照相馆……

那年，母亲用 300 块钱给他买的那台旧电脑，让他学会了上网，无意中也让有心的他捕捉到了新的商机。通过网络游戏，陆鸿认识了一位在央视做影视后期特效的热心网友，学到了一些特效制作技术，用于制作电子相册。那是 2012 年，他开始在淘宝开店，专门在网上接单帮人制作电子相册。

"我虽然长得不好看，但我有一颗追求美的心，我想把美带给更多的人。"为了招揽客人，陆鸿私底下苦练图片处理技术，承诺"照片不满意就免费"。他先拿自己的照片练手。因为残疾，他的头会不自觉地摇晃，从来照不出

一张好看的照片。于是，他就花大量时间钻研 PS 软件，最终娴熟地掌握了用 PS 美化照片的修图技术，让照片上的自己姿势端正又好看。

凭借着精湛的修图技术和真诚的服务态度，他的名声越来越大，不少人专门从上海、苏州等地跑来找他照相。

从线下到线上，短短一年，陆鸿就赚了 10 多万，还成了让人敬重的电脑玩得很溜的"陆师傅"。

很多顾客在陆鸿这里照完相，都要买相册。渐渐地，陆鸿敏感地捕捉到这一商机，拿出积蓄，办起了相册厂。

隔行如隔山，陆鸿虽懂照相，却并不懂如何办厂，不会控制成本，投下去的钱一下子就用光了。可陆鸿绝不服输，他认真学习、研究办厂之道。

2017 年，在吴江区和镇残联的帮助下，陆鸿以十分优惠的价格租到了一所废弃的学校作为厂房，开源节流，稳扎稳打，相册厂的经营渐渐步入正轨。

在招工时，陆鸿不由得想到了自己当年找工作时遇到的那些白眼和轻视，毅然决定优先招用残疾人兄弟姐妹。

第一个来的残疾小伙双腿瘫痪，靠轮椅代步，进厂做了财务；只有一个手指能动的年轻人负责售后，做了淘宝客服，练出了正常人两只手都比不上的打字速度，成了厂里的金牌客服……陆鸿还安排语言表达不畅的小伙子做包装和运输，安排失聪和失语姑娘制作相册，安排智力有缺陷的人干体力活……

为了让残疾员工更好地适应工作流程，只有3个手指头能操作键盘的陆鸿，就以自己的手为标准研发设计出"机关卡相册"，厂里80%的员工都能轻松操作，每人一天可以生产两三百本，收入随之大增。工厂也提质增效，成为名闻遐迩的残疾人扶贫创业基地。

新冠疫情期间，工厂曾一度因为工人无法到岗，人手不足。陆鸿顶住压力，坚持不停产，大手笔地投入500万元购买先进的机器设备，进行转型升级，留住了老顾客，赢得了新顾客。仅2022年，工厂就逆风翻盘，因为相册质量好、交货及时，生意越来越好，营业额达到了1400万元，产品远销英国、美国等7个国家。

创业 20 余年，从"傻子"到"小陆"，再到"陆师傅""陆老板"，陆鸿自强不息，自助助人，创业致富，不仅被评为江苏省"自强模范""中国好人"和"全国最美家庭"，还被评为江苏"最美诚信之星""2022 年度感动中国人物"……

至今，全厂 30 多位残疾员工在"陆老板"陆鸿的带领下，走上了共同富裕的康庄大道。陆鸿坚信幸福是奋斗出来的，只要肯努力，人生一定会发生改变。

吴金萍

苔花如米亦盛开，一往无前心向阳

"现在有新工作了呀！我们平台（网店）最近装修板块一直在招人，适合你们新人做，业务又不难。你可以看一下，去App看一下。"

在荧光闪烁的电脑前，吴金萍坐着高靠背的轮椅，头戴耳机，用双手僵直地捧着手机，在与一名残疾姑娘视频通话，耐心地帮她推荐工作。

每天早上，吴金萍在母亲的照顾下洗漱好、吃好饭，便准时出现在微信工作群里，开始坐在简陋的家中上班。他用那根唯一能自由活动的手指，娴熟地操作着手机和电脑，坚守在网络培训师的岗位上。

虽然双腿无法行走，双手不能抓握，但他从未自怨自艾，从未自我放弃，不"等"不"靠"，不畏艰辛，愈挫愈勇，一次次主动"出击"，就像如米小的苔花，顽强盛开，不逊牡丹。

30多年前，吴金萍出生在安徽宿松一个普通的农村家庭。他自幼残疾，3岁被确诊为先天性肌无力症，终生无法站立、行走。虽然父母带着他四处求医问药，却未能阻止疾病持续恶化，渐渐地，上肢也丧失大部分功能，只能依靠电动轮椅出行。家中还有患同样疾病的姐姐，父母含辛茹苦，边打零工边照顾他们。为了报答父母的养育之恩，为了自食其力，做个有用之人，要强的吴金萍在积极地与病魔做斗争的同时，悄悄地做着各种各样微小却扎实的努力，从不放过任何一个值得努力的机会。

正如世界名著《老人与海》里的那句话："人可以被打倒，但是不能被打败。"不知经历了多少磨难，2013年，屡败屡战的吴金萍终于通过网络，一点点地打开了自己封闭的生活，"走向"了外面的世界，找到了来之不易的"工作"。他先后做过文字编辑、代购、在线客服、语音客服……

吴金萍从不向命运低头的奋斗经历感动了很多人，不仅得到了当地政府和残联的帮扶，2019年还受邀参加了中央电视台《向幸福出发》节目。

2020年11月，吴金萍又克服困难，考入了安庆职业技术学院残疾人大专班，实现自己的"大学梦"，并考取了互联网营销师等职业资格证。

自从有了电动轮椅，他更加积极地参与社会活动，在沪苏浙皖三省一市残疾人有声书主播邀请赛和安庆市残疾人网络直播大奖赛上屡屡获奖。

2022年，吴金萍有了一份适合自己的工作，在四川淘金你我信息技术有限公司从事语音培训。工作中，录入一段语音、打上一两个文字，常人看来异常简单，对他来说却异常吃力，但他从不顾影自怜，竭尽全力地做好每个细节。他不仅实现了足不出户居家就业，还带动帮助一大批残疾人通过网络实现居家就业。2023年5月，在安庆市十大残疾人"自强模范"颁奖仪式上，轮椅上的吴金萍面带微笑，自信满满地说："残疾人只要自立自强，肯学习，肯努力，肯付出，同样可以为这个社会创造价值！"

虽然永久性地失去了健康的体魄，但他却从中锻炼出超凡的毅力、超强的生活自理与心理承受能力。他从不抱怨，从不怨天尤人，待人接物始终面带笑容，做人做事始终积极乐观。他积极走上社会大舞台展示自己，让更多人认识、了解和关心关爱残疾人。

杨　明

轮椅上的追梦人

在贵州，有这样一位于困境中追逐梦想的人。因车祸高位截瘫后，他不仅重建了自己的生活，还牵头组建起贵州省首家"希望之家"，4年来引导100多位伤友实现生活自理，走出家门。

他，就是贵州省肢残人协会副秘书长杨明。

突遭横祸，余生与轮椅形影不离

刷牙时，杨明另一只手必须撑在案台上。

脊髓损伤近20年，杨明除脖子和胳膊以外，全部躯体失去行动能力，腰部无法受力，做事重心不稳，"若另一只手不撑着，我端杯子的手就会抖"。

杨明也曾回想过在武汉科技大学度过的时光。彼时他喜欢社交，热爱篮球等球类运动。在运动场上奔跑跳跃大汗淋漓，他觉得酣畅无比。

变故就在一瞬间。

2004 年 10 月 31 日，在贵州铝厂工作的杨明下班后，同往常一样去酒吧驻唱。突然，一辆摩托疾驰而来，他躲避未及，被撞向路坎下的水泥墩。

车祸后醒来的第三天，他断断续续听医生提及：胸椎 8、9 节脊髓损伤。在肢体残疾中，脊髓损伤是残疾程度最重的，亦称高位截瘫。

杨明用力拍、掐自己的腿，都没有知觉，但下半身却不时隐约生起又麻又酸胀的疼痛，如触电般。

杨明多方打听，又上网查询，得到的说法都是，脊髓损伤患者若不在半年内恢复正常，这辈子几乎就瘫痪了。但杨明的母亲不甘心，她坚信儿子可以治好。4 年多里，父母带着杨明四处求医，不惜卖掉最后一套房产。

跟普通截肢患者相比，更多的受伤、更复杂的并发症，如鬼魅般潜藏在脊髓损伤者漫长的日常生活里。

长时间坐轮椅，人体局部组织会因压迫而溃烂，医学上称为"压疮"。杨明曾看到有伤友的压疮溃烂坏死到露出白花花的骨头。若不及时治疗，还会引发败血症导致死亡。

更令人无助的是，脊髓损伤者大多受伤而不自知。

上下床可能摔跤骨折，搭乘交通工具也可能碰伤腿部。在贵州农村，有的脊髓损伤者坐在铁火炉边吃了一顿火锅，腿就被烫伤烤坏。这样的情况屡见不鲜。

"脊髓损伤者的余生，该怎样继续？"2018 年，"生活重建"这个词，进入杨明的生活，并为他打开新的一扇窗。

两个选择，种下希望的"种子"

脊髓损伤后，杨明做了两个改变人生轨迹的决定。第一个决定是独自出远门。

2018年6月，杨明被推荐参加中国残疾人联合会希望之家"金种子"培训项目的培训。"希望之家"致力于帮助脊髓损伤者重建二便护理、压疮护理、轮椅技巧、辅具使用等生活自理能力，进而重建心理健康，实现社会融入和人生价值。而项目对"金种子"的要求是："使他们具备二次推广能力。"

杨明的妻子很是担心："你甚至不能独立照顾好自己，怎能离家那么多天？"但杨明执意要去。

到河北石家庄"希望之家"参训的第一天，杨明下床时方法不当，踝关节就磕破了皮。

接下来的日子里，稍有疏忽，他又尿湿了床单或裤子，然后花半小时换上干净的。换完后喘两口气，再挪到水池边搓洗。他坚持每天定时定量喝水，并借助导尿管定时排尿。多年来靠家人帮忙才能完成的种种日常操作，在为期28天的培训里，杨明一一重拾。

除必修课程外，杨明每天还按规定进行体能训练，举哑铃、拉弹力带，再到户外手动滑行轮椅。

石家庄入夏后的气温高达42℃，轮椅滑行3公里后，杨明的全身都被汗水浸湿了，他却恍若做回了当年在球场上雀跃的自己。他忽然理解了"生活重建"这个词的意义——重新去适应新的身体。

培训结束后，杨明花了大半年时间到贵州省各市、州，调查脊髓损伤者的生活情况。

随着医疗卫生条件的改善，小儿麻痹症等造成的轮椅族在减少，而极限运动、高处坠落、地震、车祸，还有脊髓炎等病症造成的脊髓损伤者数量却呈上升趋势。据不完全统计，贵州省脊髓损伤患者达3.7万余名。

"其中很大一部分人受伤后就再也没出过家门。"杨明经历过，最明白与社会脱节的痛苦。"我想将自己的生活经验传递给需要的人。"那时杨明与妻子在贵阳市白云区的服装生意已上了正轨，月收入近万元。但他仍放弃旧业，邀约上志同道合的伤友，开启新的创业路。

残后生活，不仅体面更要质量

贵阳市白云区刘场乡大山村，6 岁就遭遇脊髓损伤的班映华，30 多年没出过家门。

2021 年 8 月，看到杨明开着特殊改装的汽车行过蜿蜒的山路来看他，班映华震惊之余，不由得好奇：外面的世界该是怎样的？

"你看，我们一样，但我还能开着车四处旅行。"杨明朝气蓬勃的状态打动了班映华。犹豫再三，班映华报名参加了"希望之家"的培训。一个月后，杨明联系他时，他已在广东省中山市一家电子厂打工。电话里，班映华兴奋地说，年近 40 岁，他终于领到了人生第一份工资，4000 多元。

4年来，贵州省脊髓损伤者希望之家成功开办了4期生活重建训练营，助力100多位"班映华"走出家门。

这100多位坐着轮椅走出家门的人，还有不少热爱上了马拉松运动。

42.195公里的全程马拉松，健全人花3个多小时跑完，六盘水的李敏坐着轮椅用4小时20分抵达终点。

因为马拉松，李敏跑遍了贵州各市州，还走出省，去到青海西宁、湖南长沙等地。他如今还是贵州省脊髓损伤者希望之家的轮跑团团长，每年贵州省各地举办的马拉松，80%以上的"轮椅族"都是他的队伍。

从重建自己的生活，到带领更多伤友找到新的生活方式，杨明身边的同行者越来越多。

有位学员的母亲曾说，她离世的那一天，若女儿不能体面地活着，她就考虑用药物将女儿一并带走。听到这话，贵州省脊髓损伤者希望之家讲师童苗很心酸，她说："我们做的事业没那么伟大，但它一定是有意义的。"

童苗跟每位学员强调，选择轮椅必须"量体裁衣"。肩高，腰高，臀宽，大腿与小腿的内长、外长，以及轮椅车轮、靠背、踏板类型等，"有一项尺寸不对，都像穿上了不合身的衣服"。为定制一套轮椅，童苗会帮伤友们测量上百项数据。

"不仅要体面地活着，还要高质量地生活。"杨明说。脊髓损伤患者大多从事手工制作和电脑操作方面的工作，很多企业仍无法提供适合他们就业的无障碍工作环境。目前，贵州省脊髓损伤者希望之家正和一些大数据企业洽谈图文标注录入合作意向，希望能帮助伤友们实现"职业重建"。

"当我老去，希望这份事业，能成为我的骄傲。"杨明说。

孙 阳

用"舌尖上的网店"向幸福出发

"天啊，用舌头触动屏幕！""关键是（手机）屏幕已打开了！"在 2018 年 7 月 31 日晚首播的《向幸福出发》节目中，面对 21 岁的阳光男孩孙阳用舌头操作手机的"独门绝技"，连两位见多识广的央视主持人都惊讶不已……

被"捆绑"在轮椅上的孙阳无疑是不幸的，出生时，早产缺氧导致痉挛性脑瘫，他脖子以下无法自主活动，双上肢蜷曲无法伸直，手指蜷缩无法张开，最简单的拿勺子、拿手机、按电梯都无法做到，双下肢有劲，但无法正常行走，在有人搀扶的情况下，可缓慢行走 10 来米。这让他成了一个近乎全身瘫痪的人。

可他又是幸运的，生逢美好的网络时代，从小有父母无私的疼爱和培养，长大又有政府和社会爱心人士的呵护和扶持，让聪明好学的他学有所用，自助助人，创造了一个又一个"奇迹"，名副其实地成了带动家乡百姓共同富裕的"电商达人"！

由于身体原因，孙阳没上过学。母亲为更好地照顾他放弃了工作，在家通过生活场景教他认字，还在他 12 岁时给他买了电脑、手机。"看了 6 年电视剧，通过这个把字认得差不多了。"孙阳满脸笑容地说，"我还自学了历史、基础物理、化学等。"

四肢动弹不得，他"发明"了用舌头操作手机，用嘴咬着笔敲打电脑键盘。他的轮椅右侧固定着一根长长的手机支架，孙阳用舌头左右滑动，在各个 App 之间切换，操作速度并不比普通人慢。"说起来你们可能不信，我还打游戏呢。"当然，现在他更多的是使用语音操作。

网络，让世界向孙阳敞开了大门，让他开阔了眼界，思维也更加活跃。他的家乡在陕西安康汉滨区瀛湖镇清泉村，盛产枇杷，丰收季节，枇杷却并不好卖。孙阳萌生了开网店卖枇杷的想法。

无巧不成书，网商培训说来就来。那是 2018 年 3 月，当地政府组织了一场为期 7 天的包吃包住的网商培训，关键是领导特批，不仅招收了孙阳，还破例让孙阳的母亲全程免费陪读。

培训期间，孙阳学得非常认真，掌握了电商创业的基础知识和技能，且获益匪浅。回家后，他学以致用，开始制作视频，后来相关视频还冲上过微博热搜前 50。虽说他创建了村级电商服务点，可枇杷依然卖不动。

那位好心的领导决定扶上马再送一程，派了一个从杭州回乡创业的电商公司老板指导孙阳在网上卖枇杷，还组织了一次大型枇杷义卖活动，一下子就把村里的 15 万斤枇杷销售一空，带动每户增收 6000 元，孙阳当之无愧地成了当地的枇杷代言人，更成了致富引路人……而今，清泉村枇杷销路已打开，价格也从每斤 4~6 元提升到每斤 15~20 元。

因为视频冲上了微博热搜，孙阳受邀参加了央视三套《向幸福出发》节目。孙阳的故事果然感动了很多人，他的网店获得了来自全国各地的巨量订单。2020 年 12 月，孙阳调整经营思路，重新注册了自己的公司。两年内，他做了 4 个产品，前两个产品每年都有 10 余万的盈利，可后面两个产品却让孙阳血本无归，把所有的钱，甚至父母给的创业钱都亏进去了……

胜不骄，败不馁。孙阳开始转换赛道，他认准了知识产权这个特殊行业。他发现其中的商标业务门槛不高，没有硬性资金要求，前期不需要团队，一个人也能做，之前积累的人脉也都用得上。经过刻苦自学，孙阳终于在 2022 年 1 月获取了商标代理的相关资质，开始了他的再次创业。

如果你看到孙阳的商标注册报价单，一定会很惊讶，因为报价单上有一类针对特殊客户的报价，仅为 270 元。这个价格是商标注册的成本价格，是需要向国家商标局缴纳的费用，等于孙阳分毫未赚。而这个报价针对的人群是退役军警、消防员、残疾人创业者和大学生创业者。孙阳希望为这些特殊群体尽一点绵薄之力。

不屈不挠、勇于创新、乐于奉献、向善向上的孙阳用自己独特的方式证明了残疾不是障碍，而是一种动力。

王 俊

点亮心灯，让更多残疾朋友被世界"看见"

"China WangJun!"

2023 年 3 月 25 日晚，法国梅斯，第十届国际残疾人职业技能竞赛闭幕式上，王俊面带微笑，拖着赛前意外扭伤的左脚，缓步走上了盲人按摩项目冠军领奖台！这是我国在该项赛事上获得的首枚世界金牌，向世界展示了中医按摩的魅力。

作为"全国技术能手""五一劳动奖章"获得者、中国盲人按摩学会特聘讲师，王俊不仅首创了"配穴"保健推拿法、主导研发了被认定为江苏省宜兴市市级非物质文化遗产的腰椎间盘突出症五步整复疗法，这些年还培训出 150 余名初、中、高级盲人按摩师。

意外致盲，推拿按摩走出光明之路

1982 年 12 月，王俊出生在孔孟之乡——山东曲阜的一个农民家庭。7 岁时，一场意外导致他视神经萎缩，双眼视力均仅有 0.02。上小学时，他上课靠听，走上讲台才能看见板书。父母带着王俊四处求医问药，情况却丝毫没有改善。10岁那年，靠种田养活一家的父亲终于为辍学在家的王俊打听到济宁有所盲校，可以学盲文，学推拿，将来还可以做医生。

"你这双手真好啊，简直就是为按摩而生的！"济宁市盲校老师的这句话像一束光，照亮了视障少年王俊的人生路。

王俊格外珍惜这来之不易的学习机会，他付出了常人难以想象的努力，从陌生的《中医基础理论》学起，一字一句地理解、领会；从最基本的手法开始，推、拿、揉、滚、拨、按、擦，一招一式地模仿、练习……

1993年至2000年，王俊凭着对盲人按摩的钟爱和坚持，在济宁市盲校勤学苦练，掌握了系统的按摩专业手法和理论知识。

从特教学校毕业后，王俊到北京联合大学学习深造，辗转北京、上海、南京等地按摩店打工、学艺，练针灸，做推拿，也留意老板的待客为人之道。

在南京打工时，王俊以其精湛的手艺和真诚的服务赢得了一位江苏老板的青睐，老板极力邀请他前往宜兴创业。2003年10月，王俊经过多番考察，只身在远离家乡曲阜600多公里的苏南小城创办了宜兴市王俊盲人推拿保健院。

万事开头难，为了开源节流，把钱用在刀刃上，王俊和几个视障员工摸索着自己做饭、炒菜。当时，盲人推拿在当地才刚兴起，市场还没打开，一年经营下来竟入不敷出。

"自己认准的路，再难也要走下去。"王俊决定从地推开始，节假日，他带领员工走上街头，凭着过硬的推拿技术，免费为市民进行按摩，有针对性地为他们缓解疲劳，解除病痛，这也为他们赢得了口碑。一传十、十传百，"王俊推拿"打响了品牌，顾客越来越多，生意越来越好。王俊主打自然疗法，收费实惠公道，事业渐入佳境，相继在宜兴开办了6家直营分店。

2016年5月，王俊响应山东省济宁市残联的创业号召，创办济宁市任城区王俊推拿中心和任城区王俊盲人医疗按摩所。如今，"王俊推拿"早已发展成跨苏鲁两省、具有品牌和规模优势的盲人按摩机构，每年提供推拿服务近10万人次……

先富带后富，携手共富路

王俊秉承传统的"自然疗法"，对与疼痛点相关联的人体穴位进行点、按、揉，来疏通人体经络。他独创了"配穴"保健推拿法，同时配以脉诊、拔罐、刮痧、艾灸等辅助保健法，专业、自然、健康的绿色中医保健推拿成为"王俊推拿"的核心竞争力。他还挖掘传统中医技法，主导研发腰椎间盘突出症五步整复疗法。

他注册了"王俊推拿"商标，考取了盲人医疗主治按摩师资格，推拿中心被评选为国家级盲人按摩规范化实训基地。在壮大事业的同时，王俊还积极为残疾人提供就业和创业的平台。

"世界给我关上了一扇门，我愿意尽自己所能帮更多视觉障碍者打开一扇窗，带动他们靠双手体面就业、有尊严地生活，这是我人生最大的追求。"

在江苏宜兴，自幼患轻微脑瘫的范迪一直找不到工作，父母通过当地残联向王俊求助。王俊免除了范迪的一切费用，倾囊相授，手把手地教他推拿。2020年，范迪学成之后，自主创业，也成了老板。

在山东济宁，陈华营30多岁时因视网膜色素变性而双目失明，家庭生活陷入困境。他抱着试试看的心态，参加了王俊推拿中心举办的免费按摩培训班，学会了推拿，还成了推拿中心的骨干，每月工资八九千。去年，他给儿子买了房、买了车。现在，儿子开车接送他上下班，每天都开心得哼着小曲。

自小失去左眼视力的魏允斌经亲戚介绍，也来投奔王俊，学得一身推拿好手艺，在济宁市盲人技能大赛上勇夺第一。

至今，王俊推拿先后安置300余名盲人上岗就业，像魏允斌、范迪这样因他无偿的帮助而走出困境的残疾人，已占到员工总数的50%以上。

医者德为先，爱出者爱返

在参加社区公益活动时，王俊了解到社区中脑卒中后遗症导致生活陷入困顿的情况较为常见，便有了为他们解除病痛、帮他们走出困境的想法。

2022年3月起，在当地残联、民政部门的支持下，王俊在江苏宜兴、山东济宁两地同时开展"千次上门，免费服务，精准帮扶"盲人公益帮扶活动。通过逐一上门走访和签订"千次上门，免费服务"协议，因人而异地制订康复调理方案，一年多时间，免费为济宁、宜兴两地60名家庭贫困的脑卒中后遗症患者上门推拿调理2300余次。一些患者症状有了好转，生活有了改善，他赢得了患者和家属的感激和赞许。

　　"一路走来，遇到了很多好心人，他们给了我很大的帮助和鼓励，我也愿意把我的技术奉献给那些需要帮助的人。"王俊经常带领按摩师走乡镇、进社区，传授健康知识，开展义诊等慈善公益活动，在敬老院为孤寡老人义务推拿，服务群众5万余人次，累计捐款捐物100余万元。

　　王俊喜欢与贫困残疾人家庭的孩子结成"一对一"帮扶对子，还在济宁市特殊教育学校设立"扶盲助残"奖学金，为残疾学生点亮心灯，助力他们刻苦成才，开创精彩未来。

　　王俊积极乐观，努力活出精彩，他身体力行传递善与爱，帮助更多盲人就业创业，让人生价值得到升华。他的精神令人感动，也使人振奋。

蔡璐

让青春逆风飞扬

蔡璐的世界里没有"不能"。这位坐在轮椅上的茶艺师，在 2024 年 6 月举办的全国残疾人职业技能大赛中荣获茶艺师比赛的桂冠。成功的背后，是他对生活无限的热爱和对未来的不懈追求。

22 岁那年，蔡璐因为一场车祸陷入了长达 35 天的深度昏迷，用他自己的话说，"在鬼门关晃荡了好几次"。遭遇重大变故，他也有过消沉和绝望。刚失去双腿的那段时间，蔡璐拒绝与世界沟通，强大的落差感让他的内心敏感又自卑，甚至不愿意走出自己家的小院，"我怕站在院子里被邻居看到，我害怕被注意"。

2019 年，一束光照进了他失落的内心，在残联和社会各界人士的帮助下，他开始了一段全新的旅程。"参加活动和主动学习的过程中，我和自己和解了，特别是他人的关心和帮助，让我开始思考是不是也可以做一点事情，去帮助别人。"

之后，他的身影频频出现在学校、企业中，进行茶艺展演，他用实际行动告诉人们，即使生活给予了极大的挑战，他也能在轮椅上逆风飞翔。

"我重新去学习打篮球、打拳击，甚至还完成了轮椅上的马拉松。我觉得自己仿佛就是凤凰的浴火重生，正在一步一步经历蜕变。"蔡璐说。

蔡璐大学学的是酒店管理专业，接触过茶艺方面的知识。他在省残联系统接受了高水平的茶艺专业训练，并且成为一名优秀的茶艺师。2023年，在残联的介绍下，他到杭州从事与茶艺有关的自媒体工作。2024年6月，他荣获第七届全国残疾人职业技能大赛茶艺师比赛第一名。

取得成绩后没有停歇，他走进学校，去到国家电网、各残疾人之家等进行茶艺展演。2024年7月，他在浙江省人民大会堂向来自全国各地的600位助残工作者展演他的茶艺作品。他用残联这个平台，学习更多的知识，展示多种能力。目前，他已培训近20名残疾人学习茶艺和演讲技能，他们学成后均实现了就业。"接下来，我会尽自己所能，在党和政府的引领下，对一些残疾伙伴进行茶艺培训。"

蔡璐还积极参与公益活动，为社会做贡献。受阿里集团邀请，他主持了许多公益活动，还带领残障伙伴爬八达岭长城。2023年9月，我国第一部《无障碍环境建设法》出炉之际，蔡璐不远千里去到成都做《无障碍环境建设法》启动仪式的宣导。他通过社交媒体平台和自己的影响力，积极传递正能量，努力做"残健共融"的窗口和桥梁，鼓励更多的人勇敢面对困难，坚持追求自己的梦想。

蔡璐称自己是个很"头铁"的人，他不屈不挠，积极尝试各种可能性。2024年年底，他坐着轮椅参加横店马拉松比赛。"看到路边的人为我加油，我感受到了爱和力量。我会一直努力，超越自我，在突破的路上狂奔，在生活的每一个舞台上发光。"

蔡璐的故事告诉我们，遭受意外不可怕，只要我们有梦想、有勇气、有坚持，就一定能够在生活中获得成功和幸福。同时，他的故事也呼吁更多的人关注残疾人事业，给予他们更多的关爱和支持，让他们能够享有平等的权利和机会，实现自己的价值和梦想。

李德华

授人以渔，将生存技能送到残障者手中

李德华，一个普通的公证员，一个视力障碍人士。他把组织安排的工作当作第一任务，以超人的毅力，克服常人难以想象的困难，坚守法律服务窗口第一线，从事公证工作29年，无错假证案件、零投诉案件。他用自己一生的执着奋斗，书写了一曲精彩的人生华章。

身残志坚，让生命重放光辉

1987年，李德华从学校毕业，被分配到全南县一个偏僻的乡政府工作，他勤奋努力，工作积极主动，得到了组织和群众的肯定。1992年当选为全南县寨下乡副乡长，那年他24岁，是当年全县最年轻的副乡长。然而，正在他春风得意的时候，所有的一切，都因为疾病改变了。

1994年，一场疾病使李德华的眼睛出现视力障碍，他不得不辞去了副乡长的职务，服从组织安排调到了全南县公证处工作。

疾病的困扰、职务的变动、职业的改变，给予他沉重的打击，迷惘、徘徊、

痛苦，差点使他丧失生活的勇气。在家人、亲友、同事的关心、关爱、帮助下，在保尔·柯察金、海伦·凯勒、张海迪事迹的激励下，他从绝望和痛苦中渐渐走了出来，用乐观的精神重新燃起生活的勇气，立志要成为一个对社会有用的人。

他购买了小学生使用的小霸王学习机，在家悄悄练习五笔打字，学会后，在单位的电脑上抢着打印材料。他购买并学习了读屏软件，在网上、在 YY 房间等平台，报名参加了无鼠标操作电脑、无鼠标操作 Word、无鼠标操作网页等培训班。

经过无数次失败、无数次挫折，得到无数人的帮助后，他终于摸索出了一套适合自己操作的电脑流程，并熟练地掌握了在电脑上浏览新闻，在电脑上读书，在电脑上编辑文件、审查材料、打印材料等技能。

为了尽快适应公证岗位的要求，他拼命学习法律法规。没有复习资料，他就看《司法手册》上的法律条文。法律条文枯燥无味，生硬难记，加上他没有法律功底，往往看到后面却忘记了前面，令他每每都想打退堂鼓。但他心中抱着一个信念：别人能做到的，自己一定也能做到。

就这样，他白天上班，晚上看书，常常看到晚上一两点钟。三百多部法律法规、几百个司法解释，他熟读了个遍。

功夫不负有心人，1997年，他高分通过了全国公证员统一考试，取得了公证员资格，成为全国首位视障公证员。

爱岗敬业，成为业内佼佼者

李德华，把公证处当成自己的家，把献身公证事业当成自己生命的归宿。

在公证工作中，他始终兢兢业业，克己奉公，服务群众热情周到。为了弥补视力的不足，他报名参加网上法律知识讲座，大量阅读法律法规，并将所学知识与公证工作实践相结合，使他的法律知识储备不断丰富。他将常用的法律法规知识熟记于心。在接待群众咨询和办理公证业务时，能把每一个法律知识讲得明白，说得清楚，记录得全面、准确。当地政法系统的同行均称他是"民事法律专家"。

扎实的法律功底，精益求精的工作作风，使他成为业内佼佼者，多次被评为省、市优秀公证员或省、市公证质量先进个人。江西省公证协会领导在集中检查各公证处公证案卷质量时，多次提道："我们身边就有值得大家学习的公证质量好榜样李德华，何须舍近求远外出学习呢？"

明察秋毫，是残障者财产的护法神

有人说，有视力障碍的人，听力都很好。这或许也是李德华的优势。为了弥补自己视力的不足，李德华自学心理知识，并将这些知识运用到公证过程中。曾经有一个女子和一个男子来到公证处，称他俩是夫妻，要求办理用房屋抵押贷款的委托书公证。公证处多人对申请人和身份证进行审查，都未能识别出身份信息有问题。李德华在询问过程中，通过语言交流，明察秋毫，将假"丈夫"的身份识破，从而避免了错假证的发生。

热忱服务，是残障群众的贴心人

为了帮助更多的残障者，李德华建立了一个"德华法询群"，利用自己从事几十年公证法律服务学到的知识，专门为来自全国各地的残障者免费解答各种法律问题。让微信群里的残障者足不出户就能获得法律帮助，使残障者不再为寻求法律帮助出行难而担忧。目前群里有来自全国各地的残障者360余人。自2021年建群以来，已累计解答各种法律问题1000余件次。

李德华为残障者建免费解答法律问题微信群的消息不胫而走，YY房间、微信群平台等各大为残障者服务的平台纷纷向李德华发出开办法律知识讲座的邀请，并先后在音乐学院、江西盲协创新创业群、赣州视障朋友学习群等开展法律知识讲座。在线听课人数已逾2000人次。

随着德华法询微信群的广泛传播，咨询法律问题的残障者越来越多。于是，李德华将身边从事法律工作的亲友召集到法询群，组建了一支法律志愿者服务队，帮助解答群里残障者提出的各种形式的法律问题，保证每一个法律问题都能得到圆满解答。

"授人予渔"，将生存技能送到视障者手中

2022年11月，李德华当选为赣州市盲人协会主席。一上任，他就一边做好公证处的本职工作，一边利用工作间隙研究残联和盲人协会的各项政策、文件，一边深入调查全市视障者的就业和生活状况。他了解到视障者中有很大一部分人以按摩为业，但与明眼人开办按摩店相比，视障者明显处于劣势。特别是三年疫情之后，从事按摩的视障者就业、收入每况愈下，提高视障者的就业技能成了一项紧迫的工作。为此，李德华立即制订出"授

人予渔"计划。他充分利用江西省"盲按送技术下基层"活动的政策优势，积极主动规划和申报"盲按送技术下基层"活动项目。在担任赣州市盲协主席的短短半年时间里，李德华带领市盲协一班人，在省盲协和省、市、县残联的大力支持下，先后分片区举办了三期"盲按送技术下基层"培训班，特邀江西省按摩专家从按摩的基础理论到实践运用、从基本按摩手法到疑难杂证的治疗，面对面，手把手地为盲按从业人员授课，有200余盲按从业人员受益。

李德华先后荣获2021年度全南县政法系统"十大为民干警"、赣州市"优秀公证员"、江西省"公证质量先进个人"；2022年度全南县"道德模范"；2023年度全南县"最美共产党员""新时代赣鄱先锋"等荣誉称号。

"法明心亮"，用法律点亮视障者心灵之灯

由于受教育的程度普遍偏低，社会接触面小，法律法规知识欠缺，自卑、自弃、思想闭塞是视障者的普遍表现。要让视障者走出阴霾，走向自强，就必须培养一批充满正能量、心底透亮、高素质的视障者领头雁，通过这样一批人的影响和带动，从根源上解决视障者的思想问题、心理问题、法

律意识问题。

于是，李德华在推动和实施"授人予渔"计划的同时，制订并推行了"法明心亮"培训计划。聘请专业律师和资深心理教授，分批次对全市盲协成员及视障者中的积极分子进行心理知识和法律知识的全面轮训。在爱眼日前后，举办了"法明心亮"培训班启动仪式和首期培训班，有80余视障者参加。"法明心亮"培训计划作为全国首创，得到了中国盲协的高度认可，被列入"全国2023服务引领项目方案"目录向全国推广，中国盲协还为该项活动的启动捐赠资金6000元。

回馈社会，用实际行动展示视障者风采

由于种种原因，视障者被强行贴上"等、靠、要""难沟通"等标签。为了彻底改变社会的这种偏见，李德华从视障者中精心挑选出20名按摩技术过硬、心理素质过硬、精明强干的视障者按摩从业积极分子，成立了赣州市首批盲按志愿者服务队，并分别于"学雷锋纪念日""全国爱眼日""国际盲人节""国际残疾人日"等节假日，到敬老院、老年活动中心、公园等场所，为老年人和社会大众提供义务按摩服务。盲按志愿者服务队的成立，充分展示了视障者服务社会、回报社会的良好形象，充满正能量。

如今的李德华虽已56岁了，但他在妻子的接送下，每天仍然坚持按时上下班，风雨无阻。有人问他："你快退休了，视力又不好，做公证，做公益，还做盲协工作，这么兢兢业业图什么？"他说："我接受过无数人的帮助，我无以为报，作为一名共产党员，我只能坚守岗位，勤奋工作，通过帮助更多的群众，来回报社会。"

第二部分

残疾人工作者典型

李保玉

"单拐"书记，走出乡村致富路

从荒山到山清水秀，从"晴天一身土，雨天一身泥"到公路平坦、整洁，从贫穷山村到吃上"旅游饭"……在泗水县圣宝家庭农场经理、玉龙山大樱桃种植专业合作社理事长、东仲都村原党支部书记李保玉的带领下，泗水县圣水峪镇东仲都村的群众脱贫致富，从一个贫穷落后的小山村变成了远近闻名的"明星村"。

勇挑重担，当党支部书记

在孔子出生地尼山的东部，有一个叫作东仲都的小山村，这里是孔子的弟子子路的家乡。这座小山村属于丘陵地区，地少人多，全村耕地只有600多亩，人均还不到半亩，一直是个交通不便、偏僻贫穷的小山村。

1969年，李保玉出生在这里。他自幼左腿残疾，为了减轻家庭负担，初中毕业后，便跟着一位曲阜的工艺师傅学习工艺美术。后来，他在泗水县城里开了一家工艺美术店，凭着诚信本分的经营，生意越做越红火，不到两年时间，在各乡镇设了15个分店，收入已过百万。

2002年，经组织培养，李保玉成为一名共产党员。

2004年6月，圣水峪镇党委找到在县城经商的李保玉，邀请他回村担任党支部书记，此时的东仲都村9年换了11任书记，前路一片迷茫。"我是吃百家饭长大的，自己也有干劲儿，有义务为家乡的父老乡亲做点事。"

"你个人富有算什么，那是为了你的小家庭。你挣的钱再多，你也得实现自己的人生价值。"李保玉怀揣着这个坚定的信念，不顾家人朋友的反对，毅然把城里的生意交给妻子打理，夹起大铁拐，回到村里挑起了带领全村前进的重担。

理清思路，村子脱贫致富

2004年7月，李保玉上任后，请出原来的三任老书记，和党员们一起理清工作思路、寻找发展新路。"当时村里积累的问题数不胜数，我们能解决的当场解决，解决不了的，先放一放慢慢解决。"李保玉回忆当初，露出一丝苦笑。

俗话说"新官上任三把火"，李保玉上任后"第一把火"就选择点亮当时的"村村通"工程。"那时候东仲都村根本没有集体经济收入，村里没钱出配套资金。"李保玉说，"我从家里拿出6万元，修建了2150米柏油路。"紧接着，李保玉争取到县水利部门和镇政府资金，修建水利配套设施、铺设管道700多米，不仅解决了500多亩耕地的灌溉问题，还改善了村民的生活用水条件。基础设施好了，发展产业才是硬道理。李保玉带领村民因地制宜发展林果业，在大家坚持不懈的努力下，仅用两年时间，东仲都村就成了远近闻名的林果专业村。

从东仲都村脱贫那一刻起，李保玉就在思考下一步的发展方向。在县委下派干部的帮助下，李保玉去沂源、潍坊考察樱桃和百香果种植，到鱼

台考察木耳种植。回来后，李保玉协调资金 200 多万元，建起大棚。东仲都村多是山地，路窄坡陡，彼时的李保玉管不了这些，挂着铁拐每天在山坡上来来去去……经过全村上下的努力，大棚樱桃、百香果、木耳成功构建成产业发展的"三驾马车"。

东仲都村的发展变化，也受到了各级政府和社会各界的重视和赞扬，李保玉和东仲都村获得了多项荣誉。2018 年，东仲都村被列为省级美丽乡村建设示范片区，总投资 1600 多万元。目前，东仲都村已建设完成龙湾书房、陶艺坊、木工房等，拟突出山水风貌和传统文化特点，打造"农业 + 教育 + 艺术 + 旅游"为主题的青少年自然艺术教育基地。

扶残助残，点燃希望之光

2021 年，东仲都村入选文旅部、发改委公布的"全国乡村旅游重点村"名单。而干了 17 年村支书的李保玉卸任了。

"我受限于身体条件，应该把接力棒交给年轻人。"李保玉说，东仲都村正是爬坡上坎的时候，总得培养年轻干部来接班。

2022 年 8 月，李保玉成立泗水县圣水峪镇儒源助残协会，这是全省唯一一个有资质的村级助残协会。

李保玉认为，要想办好助残协会，就要当好助残志愿者，不仅是走访慰问困难残疾人家庭，还要向广大残疾人朋友提供助养、助学、家教、就业、心理辅导等贴心服务，把实事好事做到残疾人的心坎里。

"残疾人是一个特殊的群体，身体的缺陷给生活带来许多不便，很多事情在健全人看来是举手之劳，但对他们来说是一种奢望。特别是突发事件，常常让残疾人家庭雪上加霜。"李保玉说，作为协会助残志愿者，光有热情还远远不够，关键在能力和行动上。"我向县残联要了一些关于惠残政策的书籍，利用空闲时间进行学习，懂得了用政策推动助残服务的落实。同时，我主动当好宣传员、服务员和监督员。"

儒源助残协会成立一年来，共走访慰问残疾人80余家，李保玉拿出16000余元或买生活物资或送现金给生活有困难的残疾人朋友，受到残疾人家庭和村民广泛好评。

"下一步，我们协会计划以东仲都村文化一条街和助残协会为平台，进一步打造残疾人文化观光创业园，形成具有残疾人特色的生态综合农场。"李保玉说。未来，他们将以农耕研学为突破口，以园养园。另外，还要发挥好残疾人创业作品销售基地作用，让全市有干劲的残疾人朋友有一个能销售产品和展示才能的地方。

戴方方

积极乐观，自强不息

她叫戴方方，1987年出生于济宁市金乡县胡集镇。20岁时，一场车祸导致她左大腿高位截肢，并伴有多个手指变形，落下终身残疾。这对于正处于花样年华的她，无疑是致命的打击，她曾一度迷茫、低落，找不到生活的方向。

2010年的一次机会，她考上了残疾人专职干事，从此灰暗的生活有了光亮。她重拾追求精彩生活的信心，身体的意外没有击倒她，反而让她用更加积极乐观的心态面对困难与挑战。

每天5~6个小时的直播，她感到很累，但也很快乐。她说有一次她从下午的五点一下播到第二天的凌晨两点，下播后，连站都站不起来了，但她心里是开心的。

为了更好地带动残疾朋友们就业，2021年，在县残联领导的支持下，戴方方带领4名残疾姐妹开始接触直播带货。俗话说隔行如隔山，一切都从零开始。第一个月，她每天不停地学习、练习、做笔记，嗓子都累哑了，她一边吃药，一边直播。直播间一直没有做出来营业额，一起干的小伙伴有了放弃的念头，但她知道没有任何人可以随随便便成功，越是艰难越要去挑战，因为她觉得她们并不差，别人能行的，她们也能行。就这样她带领着大家继续努力学习、刻苦练习，果然功夫不负有心人，第二个月，她们就做出相当可观的营业额，直播间的爆单也是对她们付出的肯定。

当她摸索出主播成长的路径后就赶紧动员更多的残疾朋友们加入，刘香红、王珊珊都是坐轮椅生活的，就业非常困难，但直播可以让她们足不出户实现就业梦。她们刚接触直播时也是没信心，抵触心理严重。下播后，戴方方就去她们家里讲解自己的心路过程，一点点帮助她们树立信心，帮大家装扮直播间，并辅导上播。只要她不上播，就看她们直播，下播后帮她们做好复盘，终于，半个月后，她们也迎来了爆单，大家都能实现每月3000多元的收入。

在工作中，她们收获了深厚的姐妹感情。之后戴方方又多次在金乡县免费开展主播培训，把自己的所学所知分享给更多的残疾朋友。为了学习更多的直播知识，掌握更多的直播带货技巧，戴方方先后到烟台、聊城、济南等多家电商公司实地学习。2022年，她参加了山东省网络营销师（直播销售）比赛，荣获了第二名的好成绩。这次比赛让她学到了很多专业知识，让她对直播带货更有信心。戴方方暗自为自己订下目标，她一定要带领更

多的残疾朋友通过直播实现就业，获得收入，实现自我价值。

她一边直播带货，一边不断学习，在直播带货的路上坚持不懈，终于在 2023 年第七届全国残疾人职业技能大赛互联网营销（直播销售）项目上拿到了全国冠军。

道路从来都不是一帆风顺的，包括直播销售，宁愿做错，戴方方从来没有想过放弃，因为她知道对于残疾人来说，每个机会都来之不易，而且网络的力量是无限的，主播这个职业是适合她们这样的残疾人的。只要方向是对的，目标是正确的，就应该坚持走下去。路都是靠走出来的，她愿意走在前面，也希望更多的残疾朋友能勇敢地走出来，加入她们。她想对大家讲："我们有所不同，但我们热爱生活是相同的！"

戴方方数十年如一日，把残疾人的事当作自己的事，视残疾同胞为自己的亲人、家人，各项工作都走在全县乃至全市残联系统前列，多次被评为"县残疾人工作先进个人"，并在 2016 年被国务院残疾人工作委员会表彰为"全国残疾人工作先进个人"。她自强不息，先后参加山东省第九届和第十一届残疾人运动会，均获得女子组坐式排球团体银牌的好成绩。

荣誉只代表过去，拿到荣誉后的戴方方，依然每天奔波在帮助残疾朋友树立信心，带动他们就业的路上。她不停地学习、提升。目前，她已带动了张坤民、王德、程梦芮等优秀残疾人做起了农产品直播；带动寻秀芳、候冰冰、司欢欢、杨丽等做起了视频剪辑和客服，带动残疾人就业 10 余人。

"能帮助到更多残疾朋友们，才是我的初心。"戴方方经常这样说。

 何德一

退伍不褪色，是残疾人的"娘家人"

他是一名退伍军人，激情豪迈，富有爱心；他是一块红砖，热情万丈，哪里需要就往哪里去；他是一位残联人，下沉一线，成了残疾人的"娘家人"。他就是南充市营山县残疾人联合会党组书记、理事长何德一，一名老兵、党员，一个自认为普通，却在平凡岗位立了业建了功的铮铮硬汉。

在很多人眼中，县残联是个不起眼的小单位、群团组织，大部分同志都是一干就是几十年，工作失去了激情。面对如此困境，他深知只有上下一心、汇聚合力，残疾人事业才会再上一个台阶。

在工作中，何德一坚持抓班子、带队伍，凝心聚力，制定完善了一系列规章制度，并带头坚持，积极争取出台了多项残疾人优惠政策。他常常带领班子成员深入一线，走进残疾人家庭，倾听他们的心声；把党建活动开在敬老院、康复中心，积极为老人、残疾人免费体检、理发、整理内务、现场鉴定和上门办证。

"何理来了后，坚持真抓实干、以上率下，现在内部矛盾少了，工作

形成了合力，全年无一例信访事件发生，残疾人事业更有奔头了。"在残联工作了多年的窗口负责人阳智勇对何德一赞不绝口，连连竖起大拇指。

到残联后，何德一与残疾人广交朋友，急残疾人之所急，想残疾人之所想，深化了"血肉""鱼水"关系。他的真情深深触动了营山的残疾人，他们有话愿跟他讲，有困难愿找他帮忙，都把他当成贴心的"娘家人"。

绥安街道金河名城的李清泉，视力二级残疾，父母年迈体衰，家庭经济十分困难，是出了名的困难户。2022年4月，何德一知道这一情况后，第一时间实地走访，连续上门四次，最后劝得李清泉的父母同意送她去参加盲人按摩培训。如今，李清泉在残联的帮助下开了一家盲人按摩院，生意红红火火。李清泉感慨地说："何理事长是我生命中碰到的最重要的人，没有他，我真的以为这个世界永远是黑暗的。"

企业示范贷款贴息，当好残疾人的"引路人"

营山工业基础薄弱，经济欠发达，残疾人就业存在着比例偏低、质量不高等问题。针对这种情况，何德一带领新一届残联领导班子认真贯彻落实国务院办公厅《促进残疾人就业三年行动方案（2022—2024年）》的指示精神，积极采取创办示范企业、探索金融助残、深化技能培训等措施，着力扩大残疾人就业总量，提高就业质量，加快推进残疾人就业高质量发展。近两年，全县新增残疾人高质量就业3712人，其中集中就业212人、项目就业1468人、产业就业2032人，为残疾人就业开启了一片崭新天地。

2022年3月，何德一得知广州残疾乡友陈亚辉准备返乡创业的信息后，第一时间跟进联络，了解她的意愿和需求，并在县残疾人托养康复中心挤出场地，作为企业生产车间；成立专班推进项目建设，实现三个月达成意向、两个月拍板敲定、一个月建成投产。

2022年10月，营山县第一家专门招收残疾人的创业就业示范企业——四川众鑫服饰有限公司正式投产，公司总投资300多万元，主营婚礼定制系列服饰，现已培训残疾人132名，安置就业68人，多次接待中、省残联调研及绵阳、乐山、巴中、达州、南充等十多个县（市、区）残联和锡林浩特市政协参观考察。

在残疾人创业就业的道路上，何德一坚持"授人以鱼，莫若授人以渔"。他积极开展送科技下乡，每年免费在乡镇举办3~4期残疾人科技培训班，举办盲人按摩、竹编技术、电商等重点培训，组织畜禽、种植及电器维修、缝纫、理发和工艺品加工等特色培训。建成残疾人双创基地47家，其中股权量化基地11家，入股残疾人461人，入股资金289万元，解决残疾人就业228人，实现分红69.54万元。引导创办小桥竹编灯笼工作室，开发生产非物质文化遗产全手工竹编灯笼，新增就业30人，其中残疾人19人，人均年收入8000元。合作建成残疾人电商运营中心，入驻企业和专合社20多家，发展乡镇、村级服务网点25个，带动残疾人实现就业85人，线上线下年交易量90多万元，年销售额1300多万元。

针对营山企业较少、残疾人就业难，银行"嫌贫爱富"、残疾人贷款难，残疾群体社会参与少、信息获取难等问题，何德一又和银行一道，共同探索金融助残新路径。2022 年 4 月，何德一与该县农商银行达成合作协议，由县残联注资 100 万元作为贷款贴息资金，农商银行以基准利率发放扶残助残贷款，对本县有创业意愿的残疾人和残疾人创业、就业企业按照贷款利息总额的 80% 进行贴息。截至目前，农商银行已办理贴息贷款授信 22 笔 548 万元，贷款余额 528 万元，涉及养殖、种植、专合社、兴办企业、开设店铺等。

创新思路　优化服务，当好残疾人的"贴心人"

何德一干工作有一股子拼劲，凡熟悉他的人都说他是个"拼命三郎"。他常说在其位、谋其政、履其职，要干就干好。

为解决为残服务配套性较差、残疾人办事多头跑路等问题，何德一带领残联一班人，创新思路，整合资源，与县中医医院合作共建残疾人综合服务中心。县残联多方协调，聘请无障碍环境设计机构精心规划，探索整合残疾人证办理、辅具领取、免费体检、组联宣文、心理服务、康复服务等，最大限度地集成服务资源，丰富中心功能。县中医医院免费提供服务场地3000多平方米，投入医疗设备8000多万元，参与医护人员200多人，初步形成了从免费体检、康复诊疗到功能训练全套服务体系，包括残疾人综合接待中心、免费体检中心、心理服务中心、文化活动中心、党员活动中心、盲人阅览室、康复基地及辅具库房等8大功能区。

中心建成近一年时间，已办理残疾人证2617个、登记变更431人、换证2237人，发放辅具3930件；盲人阅览室举办盲文培训班9期，培训92人；文化活动中心举办活动5期，参加活动78人；党员活动中心开展活动7次，参加143人；心理活动中心结合实施残疾人心理健康支持服务项目，以面对面或远程方式为残疾人及其家人进行个体心理咨询500多人次，受益残疾人15000多人次；完成残疾人免费体检3206人，参与康复治疗47906人次。四川省内外十多个县（市、区）残联前往参观学习。

内强管理外塑形象，当好残疾人的"娘家人"

1992年12月，19岁的何德一应征入伍。在部队，他服从管理，积极训练，三年的兵营生活，让他增长了知识，磨炼了意志，锤炼出了踏实做人、勤恳做事的军人品质。这种品质，使他在退伍后的人生历程中屡创佳绩，赢得了组织和群众的肯定和赞扬。

1995年12月，何德一退伍，被安排到黄渡镇作广播员。面对这份陌生的工作，他没有彷徨，而是从头学起，从头干起。就是这种虚心学习、埋头苦干的精神，使他走上了广播员、武装部长、副乡长、副局长、常务副会长等十多个工作岗位，积累了丰富的工作经验，并练就了老老实实干事、平平淡淡做人的平常心态。

2021年2月，一纸调令又将他调到县残联任理事长。作为"兵头将尾"，何德一有句口头禅："变了泥鳅就不怕泥巴糊眼睛，干残疾人工作就要勇挑重担，献出爱心，不怕苦不怕累，敢打敢拼。"他是这样说的，更是这样做的。

县城的为残服务质量大幅提升了，但农村的短板依然存在，该如何弥补和改善呢？何德一履职残联后，第一年瞄准乡镇，协调资金400多万元，在回龙镇试点示范，对残疾人文化体育公园进行改造提升，对残疾人托养日间照料中心、社区康复之家、村残协建设、残疾人家庭进行无障碍改造，使回龙镇残疾人事业焕然一新。

2023年刚开年，何德一又把目光投向了城南街道文峰村，萌发了建设村级残疾人综合服务基地的想法。于是，全省首家在县上建设的市级残疾人综合服务中心——南充残疾人综合服务中心被列为全县重点项目，各项工作全面提速。项目选址城南街道三星村，面积近30亩，建筑面积2万平方米，匡算投资1.3亿元，包括体育训练中心、文化交流中心、技能培训中心、康复训练中心、辅具生产展示中心、盲人按摩医院、产品代加工中心，建成后将辐射西南，服务川东北267万残疾人。"为了这个项目早日建成，实现营山县残疾人事业大幅跃升，再大的付出我都心甘情愿。"何德一这样说。

"不图名不图利，只图残疾人这一弱势群体安宁。宁愿一人累，换来残疾人一个微笑。"这是他经常挂在嘴边的话。"承诺是金。兑现承诺比什么都重要。"何德一，这名普通却又不平凡的残疾人工作者，正迈着坚实的步伐，在残疾人事业这条路上坚定地前行着、默默地奉献着……

方 成

积极乐观　自强不息

有这样一群人，他们身残志坚，有一颗向上的心，在不断奋斗中改变着自己的命运。扬州市"90后"女孩方成就是其中的代表。

1994年出生的方成是沙头镇育新村人，她的左手不同于常人，仅有的两根手指合在一起无法张开。"我一出生就是这样，自己努力克服吧，感觉手部残疾对我的影响不是很大。"

2017年，方成从南京晓庄学院旅游管理专业毕业，随后应聘成为广陵区沙头镇残联的一名工作人员。

工作后，她勤奋学习，不怕吃苦，踏实工作。在做好本职工作的同时自学电子商务，并在2018年报名参加了全国残疾人岗位精英职业技能竞赛。

作为一名门外汉，一开始，她对电子商务一窍不通，但方成丝毫没有胆怯，不懂没关系，可以自学。她花费了3个多月的时间，埋头苦学，每天都要从早晨8点学到晚上7点多。500多页的培训练习册，她逐条过关，不懂的就向老师请教，直到弄懂会做为止，渐渐地，她的操作技能不断提高。由于自学能力强，加上她刻苦钻研，方成一路从市赛、省赛中脱颖而出，最终获得了参加全国性比赛的资格。在最后的决赛阶段，电子商务项目共有 72 人参加，坐在她左右两边的选手都拥有 3 年以上的电商经验，现场高手云集。经验不丰富的方成靠着头脑中牢记的知识要点，灵活运用，在作图和文字描述环节发挥出色，顺利完成了比赛。她一路过关斩将，展示了精湛的技能和拼搏创新的精神，最终夺得电子商务项目第二名的佳绩，这也是本次比赛江苏省代表队取得的最好成绩。

同年，她还在江苏省第六届残疾人技能竞赛电子商务项目中取得了第一名，也因此荣获江苏省"技术能手""五一创新能手""青年岗位能手""江苏省巾帼建功标兵"和扬州市"最美残疾人"等一系列荣誉称号。

2021 年，方成通过自己的努力考上了扬州大学在职研究生，同年获全国残疾人工作先进个人，充分体现了残疾人自尊、自信、自立、自强的生活态度。

虽然经历过生活的不幸，却可以选择自强不息。从方成身上，我们看到的是刻苦的精神，看到的是坚强的意志，看到的是来之不易的成绩。更让人感动的是她那种积极面对生活的人生态度和乐观享受生活的健康心态，这才是生命的真谛。

江云青

用爱照亮他人的"袖珍巨人"

在温岭市箬横镇，有一名家喻户晓的"大家长"，他身高虽仅有为1.2米，却撑起"贯庄残疾人之家"，使家园20名入驻"兄弟姐妹"日日有"工疗"、周周有"农疗"，还通过"工农疗坊"，边以课时化管理培训文艺技能、手工技能、田间劳动技能，边设立"爱心账户"，引导大家热心公益、参与公益，以捐款募资形式定期为当地及周边片区村庄的困难群众送物资慰问，并做到逢年过节带着"兄弟姐妹"们进农村文化礼堂、各镇养老机构开展文艺展演，成为当地人人称赞的"袖珍巨人"。

江云青，1964年9月生，温岭市箬横镇贯庄村人，母亲患有先天足疾，致使他与弟弟一出生就遗传了这一疾病。江家一直不富裕，为此，少年的他过早地担起"家长"之责。

"老天虽然折断了我的'翅膀'，但又让我拥有了快速学习的能力。"江云青说。他很早就学会了编篾技艺，20多岁便已闻名于当地手工业界。

在从事自由职业的过程中，他不忘社会公益，从赚得"第一桶金"开始，一直奔波于走访慰问困难群众的事业中。

2007 年，江云青担任箬横镇贯庄村残疾人专职委员，他带领全村的残疾人士抱团做公益。2019 年，箬横镇首家"残疾人之家"落户贯庄村，同年 9 月，江云青被聘为专职管理人员。

"我既然负这个责，就要干出一番天地来。"江云青说。为了让智力、精神等重度残疾的"兄弟姐妹"们都有一个好的"工疗"机会，他骑着电动三轮车，到处找灯具组装等简单手工订单，让大家每天都有活干，能赚点工薪贴补家用。

其中，残疾人江辉佳（化名）就是一例。她因疾病而双手十指不能灵活动弹，这让她的生活非常压抑。对此，江云青就像父亲一样关心她，开导她，甚至自嘲说："我这么矮都不气馁，你长这么高有什么可多想的。"

就这样，在江云青手把手地指导下，江辉佳"变"了。"我从极不情愿、寡言少语变成了一个'开心果'。通过干活，我的十指得到了锻炼，现在都能拿起小件物品了，我也有能力靠双手赚钱了。"她满怀感激地说。

与"工疗"比起来，江云青开设的课时"农疗"独具韵味。他说，他自己是个农民，就想着创办个户外体劳模式，让大家能够走出去，靠双手喜获丰收，树立对美好生活的信心。

说干就干，2021 年，江云青租赁了一块农田，结合地名和属性取名为"定塘'农疗'共富园"。他说："我就带着大家按季种玉米、毛豆等经济农作物，从播种到植保再到丰收，最后售卖，全过程都是家园'兄弟姐妹'们一起做的，感觉挺有意义的。"

残疾人江志华（化名）就是其中受益者之一。他之前是出了名的"好吃懒做"兼"小动作之王"。自从有了这块共富园后，他每天都会到现场瞅一瞅、看一看，浇水、施肥，干得非常带劲。

两年过去了，如今"定塘'农疗'共富园"面积已扩展至 10 亩，亩均产收达 3 万有余。江云青算过一笔账，这样下来，"残疾人之家"的兄弟姐妹们不仅人均每年可增收上千元，且带动效果非常明显，使得周边"残疾人之家"的入驻人员都可逐步参与进来。有了收入，怎么合理分配，且分配得有意义，成为江云青思索的问题。为此，他回忆起了自己多年的公益生涯，引导大家共同思考，最终"爱心账户"孕育而生。

"设立'爱心账户'是大家共同的愿望，我们都认为政府和社会好心人支持我们、关心我们，那我们也要付出爱心去关心老人、其他困难群众，助力共同富裕。"江云青说。每当手工件拼装订单结款时，抑或共富园农产品丰收时，他都会和大家摊算账目，并落实专门人员记账、管账。收入除一部分用于集体派发外，其余都会归入"爱心账户"中。

有了这套机制，江云青所管理的"残疾人之家"每日忙得不可开交，大家不是在快乐地学习文化知识，就是在紧张忙碌地生产作业，要不就是走村入户走访慰问困难群众、受邀参加文艺展演，基本上做到"爱心账户"周周有流水、收支能平衡，甚至依靠"爱心账户"长期结对了 10 多位困难群众，还帮助寒门学子圆了读书梦。

据了解，在江云青的带领下，箬横镇贯庄残疾人之家的"工农疗坊"

已先后开展手工业、农业类活动 100 余场次，两年来为"爱心账户"流水积存达 8 万多元，共走访慰问老人、其他困难群众 390 余人次，支出爱心款达 3 万多元。此外，他们还集中举办各种面向文化礼堂、敬老院的文艺展演 9 次，受众达 600 多人，得到了社会各界的一致好评。

赠人玫瑰，手有余香。江云青认为，"工疗""农疗"是他和"兄弟姐妹"们的手和脚，"爱心账户"就是他们的"心脏"，只有不懈地走下去、干起来，他们的人生才会天天开起"向阳之花"。"接下来，我还要带着大家扩大规模，把爱的种子撒满'工农疗坊'，让'爱心账户'受益群体覆盖面更多更广，为'文明有礼'点亮美好生活，贡献一份残疾特殊群体的公益力量。"江云青信心满满地说。

 刘丽君

带领残疾人描绘美好生活图景

刘丽君是江苏省扬州市湾头镇残联理事长，自 2012 年首次当选以来，她坚持以为残疾人服务为宗旨，在物质上帮助他们，从精神上鼓励他们，组织开展形式多样的助残活动，不断满足残疾人对美好生活的向往。

以文化助残为特色，发挥残疾人之家功能

江苏省扬州市湾头镇残联通过开设剪纸、绘画、书法、二胡、合唱、编织等特色课程，持续而系统地组织残疾人朋友学习和培训，并且阶段性地组织相应的活动，进行学习成果展示。

刘丽君主动学，带头学，并积极宣传呼吁更多的残疾同胞进入班级，在学中玩，玩中学，感受学习带来的快乐和成就，感受同学间的情谊，感受生活的另一种美好。

将文体活动常态化

湾头镇残疾人之家平均每月组织 1~2 场活动，开设"文化园地"，开展节点活动，如元宵节猜灯谜、中秋节吃月饼、端午节包粽子等；开设运动项目，如运动会、户外踏青等；同时将康复训练、阅读这两个残疾人比较喜欢的项目常态化。

文体活动的开展，不仅能丰富残疾朋友的日常生活，增加生活趣味，还能让残联朋友在残疾人之家有心灵归属感。文体活动常态化，不仅改善了残疾人的精神面貌，提升了他们的文化素养，还促进了残健融合，有助于社会和谐与稳定。

湾头镇残疾人之家先后组织学员参加了广陵区残联喜迎建党 100 周年文艺演出、市残联"喜迎二十大，阅享新征程"读书广场公益活动、市残联"踏上新远征，阅享新时代"读书分享会暨文艺表演等。

针对辅助就业想出新招

以前，湾头镇残疾人辅助性就业形式仅限于残疾人手工编织，销售渠道仅在茉萸湾公园有售卖摊位。在此基础上，刘丽君带领工作人员继续扩大范围，又相继成立了烙画班、手工艺品班，让就业形式多样化、趣味化，让大家在轻松的氛围下学习，在愉快的学习中成长，在励志的成长中收获。

在销售渠道方面，他们线上在小程序上售卖，线下在景点摊位销售，拓宽销售渠道，真正实现了产品变现，让残疾人朋友就业无忧。

刘丽君说："授人以鱼不如授人以渔，为了帮助残疾人朋友，我们开设了编织培训班和党员助残岗，培训班让残疾人朋友掌握了简单的编织技艺，助残岗解决了工艺品的销售问题。通过编织培训班和党员助残岗，我们鼓励了更多的残障人士走出家门感受外面的世界，提高了他们的社交能力，拓展了他们的交际圈，推进了残疾人家庭奔小康的进程，也让他们感受到了社会大家庭的温暖，使他们能够更有信心、更好地融入社区生活，为湾头特色小镇建设创造更加和谐稳定的社会环境。"

第三部分

助残个人典型

张军建

热心公益的爱心志愿者

张军建，现任盐山县志愿者协会会长。2011年7月，张军建创建了中国残疾人爱心联盟网站，并和来自社会各界的残疾朋友、爱心人士和爱心团队成立了社会志愿服务组织——盐山县志愿者协会（前身为盐山爱心联盟）。

从事公益10多年，他先后积极搭建全国残友相亲交友平台，成功举办了8届大型残疾人相亲交友会，全国各地2300多名残友积极参加，现场40对残友牵手成功；建立助残数据库，与爱心企业联系，帮助300多名残疾人实现就业；多方呼吁捐善款200多万元，挽救了3名白血病和尿毒症年轻患者的生命，使其重获新生；帮助1800多名孤寡老人、留守儿童、残疾人渡过难关；抗疫期间，他带领团队解湖北两市燃眉之急，人民政协网以《政协委员张军建为抗击疫情贡献榜样力量》为题，刊发了他积极参与疫情防控的先进事迹。他的务实扶贫行动彰显着好青年的善美风采。

建暖心驿站，为弱势群体遮风挡雨

自 2016 年 8 月始，张军建联合盐山县文明办在全县发起了创建"爱心百店"的倡议，为路人、环卫工人无偿提供干净饮用水、临时休息避雨场所等暖心服务。截至目前，共有 128 家商户志愿加入"爱心百店"公益项目。该项目被河北省委宣传部、组织部，省文明办，省民政厅等授予"河北省志愿服务创新项目"荣誉称号。张军建还通过搭建网上商城，开展了"残疾人云之网络好人商城"项目，通过网络搭建让弱势群体与爱心人士实现直接对接的网络购物平台，既可以积极吸收弱势群体在此创业，帮助他们实现自立自强，也为爱心人士奉献爱心提供了便捷渠道。这一公益项目成功入选全国"青年恒好"十强，作为项目负责人，张军建也晋级"全国十强公益创业青年榜"。

他们还发起建立共享公益书屋，在各小区放置文明箱。2019 年 1 月，他们共放置 50 多个爱心衣物捐赠箱在当地各小区，发动社会力量为贫困山区和困难群众募集衣服、鞋子、书包、书籍等，让居民家中闲置的旧衣物得到更好的利用，将爱心传递给需要的人。

解湖北两市一线燃眉之急

2020年2月18日，张军建了解到湖北黄冈市和湖北孝感市疫区一线急缺医用84消毒液，他带领志愿者们积极自发捐赠，几天时间筹款近3万元，购买了400箱医用84消毒液，分别捐赠给了黄冈和孝感两市。3月12日，湖北黄冈市和孝感市向河北沧州市表达了感谢之情。湖北黄冈市防疫指挥部负责人表示，一定快速将消毒液送到一线抗疫人员手上，让盐山人民的爱心传递下去。湖北孝感市向沧州市文明办发出了感谢信。这一善举，得到了沧州市文明办、共青团沧州市委的充分肯定和支持。

抗击疫情期间，张军建还带领他的团队向盐山县交通运输局、有关社区及农村等防控一线卡点捐赠口罩、消毒液、方便面、被褥、床垫等各类急用物资，为抗击新冠疫情提供了有力的物资支持。

把爱和温暖洒向需要帮助的人

"我们希望通过自己的行动，给那些贫困孤寡老人、贫困家庭送去一丝温暖，把温暖和光明洒向每一个需要帮助的人。"张军建牵头的志愿者协会积极开展送温暖献爱心活动，他们十分注重对大病家庭的救助，先后多方募集善款200多万元，救助3位白血病、尿毒症年轻患者，使他们重获新生。自2012年以来，协会积极组织开展"送温暖献爱心"公益行动，帮助孤寡老人、留守儿童、建档立卡贫困户、残疾人家庭渡过难关，至今已坚持了8年。

解决贫困儿童、残疾孩子上学难题

帮助贫困儿童、聋哑孩子上学也是张军建团队志愿服务的一部分，2014 年，帮助孟村玻璃男孩小梦肖圆梦上学；2016 年，走进沧州特殊教育学校，为 50 名残障孩子送去温暖；2018 年，对接深圳爱心企业，协调 1000 余件暖衣，助力盐山县庆云镇有关学校助学；2020 年，志愿者协会再做媒，协调联系爱心企业长期资助盐山县小庄乡大商村崔宇航、圣佛镇小杨庄村杨亚情两个可怜的孩子。

2020 年以来，张军建响应县有关部门提出的关于在脱贫攻坚中广泛开展"关爱留守儿童，期待祖国花朵美丽绽放"活动的倡议，一起到夜珠高村看望孩子们。为不虚此行，志愿者协会专门为孩子们准备了 150 个新书包，帮助孩子们圆梦，希冀他们快乐成长。

张军建牵头盐山县志愿者协会和盐山爱心企业联合开展了"浓情腊八，爱暖中华"爱心送粥活动。他组织爱心志愿者和爱心商家，分赴 10 余个爱心分粥点，把 1900 余份美味可口的腊八粥免费送给 146 名环卫工人和部分过路老人及儿童。除去美味香甜的腊八粥，他们还为这些环卫工人免费发放了 3000 斤白菜、1000 余件（双）棉衣棉靴、200 副棉手套、200 份洗碗布和 210 瓶感冒外涂精华液，为辛勤的环卫工人送上节日的温暖和新春的祝福，协会获得了"中华爱心粥联合创始人"称号。

全国残疾人的网络"爱心盟主"

"有些残疾人受各方面条件所限，很难举办一场独具特色且令人难忘的婚礼。为残疾人专门举办集体婚礼，让大家一起见证残疾人的爱情，成了我们最大的心愿。"

为此，张军建带领志愿者，为15对残疾夫妇举办了一场特殊的集体婚礼。参加婚礼的"新人"中，大部分是已经结婚成家的残疾夫妇。因为种种原因，他们结婚时没有举办像样的婚礼。如今，他们终于迎来这场迟来的"婚礼"，张军建帮他们弥补了心中的遗憾。

目前，张军建和他的爱心团队发展全国网络注册成员100多万名，其中本地志愿者1100名。投身志愿服务和公益行动多年，张军建逐渐获得了大家的认可，他先后获得"全国向上向善好青年""全国百名网络正能量榜样""中国青年志愿服务优秀个人"等荣誉称号，他创办的盐山县志愿者协会也荣获"河北省优秀青年志愿服务集体""河北省最美公益团体"等荣誉称号。他的务实扶贫助残行动彰显着中国好人的善美风采。

陈韩俊

让"残缺的花朵"灿烂绽放

陈韩俊是一名平凡而又特殊的特教老师。

说他平凡，30年来，他一直坚守在特殊教育一线，寒来暑往，培养了一批又一批残障学生走向自强，走向自立。

说他特殊，因为他面对的是一群特殊的祖国"花朵"——残障孩子，为了让更多的残障学生享有平等、高质量的教育成果，他一直在不懈努力。

他是义乌800余名适龄残疾学生及67名重度残疾少年儿童和孤儿的康复、教育巡回指导老师，1993年7月毕业于浙江省温岭师范学校首届特师班。自参加工作以来，他30年如一日，始终坚持在残疾人工作第一线，把自己的一腔热情、青春年华、火热爱心和聪明智慧倾注在残疾学生特殊教育和康复的舞台上，凭着扎实的专业基本功，为义乌的特殊教育事业默默奉献，勤奋耕耘。

因工作成绩显著，2011年9月，陈韩俊被教育部和中残联联合授予"特教园丁奖"荣誉称号，2014年，他被评为"浙江省师德楷模"。近两年他还先后被评为"义乌市优秀社会工作人才""义乌市拔尖人才""金华市最美助残人""金华市年度行业最美人物"，最近又被浙江省委宣传部评选为"最美助残人"。

勤做实事，创新模式，提升残疾儿童幸福指数

2011年以来，陈韩俊负责义乌市特殊教育指导中心的各类业务工作，每年开展康复和随班就读师资培训。他先后为省内外的有关教师做《随班就读资源教室的运作和意义》《送教上门——打通教育的最后一座孤岛》等70多次专题讲座，培训教师18000余人次。

他先后走访了义乌市200多名残疾学生家庭走近社会福利院的孤残儿童，组织教育、民政、卫生、残联等部门的专业人员为重度残疾孩子做康复训练，呼吁社会爱心人士和义工共同献爱心。

走访中发现残疾孩子因专用座椅破旧且不符合康复要求，腿部肌肉得不到锻炼而逐渐萎缩时，他看在眼里，急在心上。回来后，陈韩俊马上组织专业教师研究、设计、制作了一套适合重度残疾孩子的康复方便座椅，

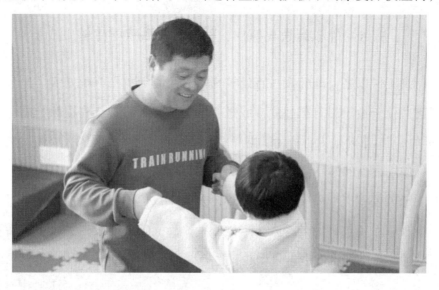

在指导中心的统一安排下出资近万元，为模拟家庭和社会家庭的 67 名残疾孩子送上门。福利院的 6 个重度孤残儿童，在他的努力下成功走入卫星班。

如今，"重度残疾少年儿童的康复送教上门"工作已经形成义乌模式，卫星班的办学模式通过《中国教育报》《浙江日报》等媒体向全国推广。义乌市残疾学生入学率已经达到 99% 以上，工作得到了省、地、市各级领导的充分肯定，舟山、温州、宁波等兄弟市争相来义乌学习取经。

在兢兢业业做好残疾孩子的康复教育工作的同时，陈韩俊非常重视有关残疾人政策的宣传。他深知，对残疾儿童少年开展康复教育工作，需要全社会的关心重视、残疾少年儿童家长的支持和理解。

近两年来，陈韩俊撰写了诸多有关特殊教育康复活动、随班就读、送教上门等方面的报道，在《义乌商报》、《浙中新报》、义乌电视台等媒体和市、地、省级教育、残联、政府网站及国家级的特殊教育专业网站累计发表 180 多篇次。陈韩俊积极向社会和残疾儿童少年家庭宣传特殊教育工作和相关政策、活动，保护残疾人的合法权益，努力营造残疾人平等接受教育康复、参与学习生活的良好环境。

服务特殊教育康复事业，精心呵护残疾学生健康成长

自工作以来，陈韩俊一直以校为家，用心呵护每一位残疾学生。学校里有些孩子由于患有孤独症，或患有智力障碍，经常会有损坏物品、攻击同学、用口水吐他人等行为，更严重者会出现抽搐、晕厥、大小便失禁……陈韩俊用耐心、细心、爱心处理着这些特殊学生的特殊行为。

陈韩俊积极帮助学生解决困难，多年来，他不但自己加入义工组织，还积极联系各类社会爱心人士、爱心社团、义工，通过"手拉手"结对子等活动，帮助困难学生，累计花费达 60 余万元。陈韩俊希望通过自己的努

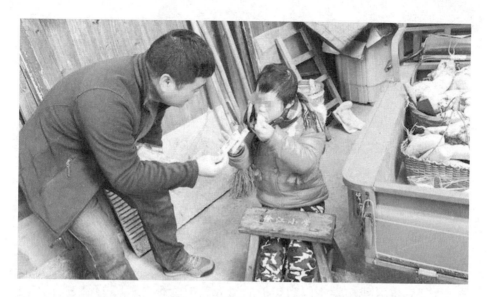

力，让残疾学生不但在经济上得到帮扶，更从心理上得到抚慰，引导残疾学生走出孤单，走向自信，回归社会主流，培养学生"自强不息，残而有为"的精神。

任教30年，他注重学生政治思想教育，带的学生无一例违法犯罪事件发生，深受当地公安机关的好评。2015年，陈韩俊被任命为义乌市人民法院"人民陪审员"，他积极维护残疾人的合法权益。他所教的历届毕业生中有30多名失聪学生以优异的成绩考入杭州华强中专学习深造，学校曾三次被省残联评为"浙江省招生先进单位"。

任劳任怨甘作孺子牛，做特殊学生和家长的知心人

陈韩俊坚持"体育不仅是让残疾人登上竞技舞台，更是其康复的最佳途径和展示残疾人自身价值的平台"的理念，他参与组织筹划了各类全市级残疾人体育比赛。平时，他注重残疾人体育苗子的发现和培训，并为国家、省队选拔输送了吴佳龙、吴子豪等10多名优秀残疾运动员。在2011年全

国第八届残运会上，吴佳龙一举夺得了 3 金 1 铜的优异成绩，填补了义乌市在该赛事领域的空白。

他一直贯彻"融合"教育理念，把残疾学生体育运动真正与普通学生相融合。他工作认真负责，成功策划和组织了两届义乌市残疾人体育运动会、6 届特殊学生运动会、6 届特殊学生才艺展示等全市性的大型活动，参与融合活动的学生累计达 8000 余人次。这些活动的举办，在社会上引起了高度关注，几年来，累计选拔了 300 多名残疾人运动员参加省地级比赛，每年为 100 余名特殊学生家长进行专业咨询。陈韩俊所做的工作得到了社会各界高度肯定。

看到有重度残疾学生因为父母的遗弃而成为孤儿，陈韩俊为孩子撑起一把能够遮风避雨的"伞"。在陪伴这些孩子的岁月里，他努力使孩子们身心得到更好的发展，让他们真正融入社会大家庭中。

陈韩俊认为，残疾人事业是一项充满人性光辉的事业，是一项至高无上的事业。他将继续默默耕耘，期待着每一朵特殊"花朵"灿烂绽放。

叶丽君

一片"君心"在玉壶

叶丽君是扬州市广陵区君心志愿者协会会长。她天生缺指残疾，却身残志坚，心系残友。她经历过很多生活挫折，当自己艰苦创业、条件好转后，总想尽力帮助残疾人。

自 2013 年加入志愿者队伍以来，叶丽君出时间、出精力、出经费，助力公益事业。

尽管付出很多，但团队不够专业，于是，她想：为什么不成立一个专业的组织呢？ 2016 年 7 月，叶丽君创立了扬州市广陵区君心志愿者协会，以与君同行、同乐、同安、同创、同心"五君项目"为帮扶特色。

自从创立了君心志愿者协会，她用情、用心为残疾人和社会弱势群体解决实际困难，残友称她"爱心姐姐"，残障儿称她"爱心妈妈"，孤寡老人称她"爱心会长"。君心协会服务领域主要是东关片区，兼顾扬州市广陵区，服务项目主要是助残扶弱、文明宣传、文明劝导、传播党和政府最强音，服务模式概括为"三站一岗一群"。叶丽君常年组织君心志愿者挂钩服务东关街道 10 个社区辖区内的孤寡老人和残疾人。

君心志愿者协会现有 500 余名会员、8 个分会，团队紧紧围绕党和政府的中心工作，以传播助残精神，弘扬助残文化，落实助残措施为宗旨，以公益唤醒他人，使更多的人加入爱心团队，目前服务范围不断扩大，已成为扬州市民欢迎、残友喜爱、政府放心的一支充满正能量的团队。协会被全国、省、市、区评为"优秀志愿者组织"。

随着社会经济的发展和人们生活水平的提高，我国社会老龄化程度逐年上升，特别是留守、孤寡、失独老人和残疾比例越来越高，这些特殊群体都需要助力、助行、医疗、精神抚慰、娱乐等服务。为了更好地为辖区内的特殊人群服务，君心协会根据当前的居住环境、设施环境、服务环境、健康环境，开展了系列服务活动，想方设法为他们提供一个生活互助、情感交流、学习娱乐、健康保障的平台，达到老有所乐、老有所安、残有所帮的目的。

一是成立东关街东、西两个文明驿站，为游客提供 20 多项服务；二是成立流动文明驿站，为宣传文明城市发挥了积极的作用；三是设立好人岗执勤，为过往行人出行提供了保障；四是扶老助残，为残弱者生活提供保障；五是健康就医，对求医的残弱者随叫随到；六是家电维护，避免残弱者安全事故的发生；七是实现残疾人辅助性就业，使残疾人有收入、有尊严；八是成立新时代文明实践中心，把党的温暖送至困难家庭，还成立残疾人之家，为残疾人解决康复、读书、学习、就业等困难。

协会还开展了"残健融合文明共享"活动，让残疾人走出家门，参与东关街驿站值班，组织残障人辅助就业，帮助他们发挥个人价值。现在，残疾人辅助性就业有 20 多名残疾人参加，志愿者为他们提供体力、车力服务，残疾人多了一份交流，多了一份收入，生活得到了改善。

目前，在会长叶丽君的带领下，君心志愿者协会为残友、为社会服务的内容不断扩大，传播社会公益活动的正能量，以此推动残疾人事业

不断前行。

协会的扶弱助残工作得到了政府的支持，有爱心企业和爱心人士的参与，残弱者真正感受到了党和政府的温暖。协会坚持专项化服务、制度化运行，365 天都在公益路上，服务时长达 65000 小时，服务对象达 30000 余人，帮扶资金达 170 余万元，以实际行动诠释了志愿服务精神。

叶丽君先后获得"江苏省道德模范""扬州市最美助残人""全省助残先进个人""全国红十字优秀志愿者"等荣誉称号，她表示："荣誉既是一种肯定，更是一种责任，我将以获奖为新的动力，认真学习贯彻习近平总书记重要指示精神，更加努力工作，更好地发挥模范带头作用，用真心真情服务好广大人民群众，为大家解难事、办实事、做好事，在新时代新征程上贡献自己更大的力量。"

张 爽

助残扶弱是企业的社会责任

张爽是重庆市远大印务有限公司的董事长，在公司成立之初就开始吸纳残疾人进入企业工作，从此投身于助残事业。

作为中国古代四大发明之一的印刷术，走过了约 1400 年的历程，对世界文化传播产生了重大影响。近年来，中国印刷业实现了绿色化、数字化的跨越式发展，走进了崭新的历史阶段。

重庆远大印务有限公司的董事长张爽，深耕印刷行业 30 多年，以一家民营企业的创立、发展与转型，见证了改革开放后印刷行业的传承与创新，探寻着智能化升级发展新路径，同时也向社会传递着企业的责任心和人文关怀。

重庆市远大印务有限公司成立于 1992 年，现落户于重庆两江新区水土高新科技产业园。经过 30 多年的发展，公司如今已成为集票据票证、试卷、IT 印刷产品、包装彩盒、防伪标签及出版物印制为一体的综合性印刷企业，年生产能力超 10 亿印，年产值过亿元。公司的票据和试卷业务遍及重庆、四川、湖北、贵州等地，IT 产品通过与惠普、戴尔、宏碁等世界 500 强联手而销往海内外，是西南地区最具影响力的印刷企业之一。

1992年，张爽一手创办远大印刷厂，即远大印务前身，主营印制名片、信封、信笺等零散产品业务。起初，简陋的厂房、几台二手设备，便是企业所有的财产。1995年，拥有敏锐的商业嗅觉的张爽发现了票证印刷这一行业蓝海，他当机立断，耗资数百万引进生产线。因多年来承接的不少高标准、严要求的订单均保质保量完成，经地方政府考察，远大印务最终成为重庆市颇具规模的综合性国家级涉密载体印刷企业，业务包括财税、地税、国税及试卷印刷等。2012年，张爽创建了重庆远见信息，逐步向信息化服务、营销数据分析、技术研发、客服运维等领域拓展，意在从传统印刷向一条龙解决方案服务提供者转型升级，不断探索中国印刷业发展的新方向。

此外，重庆市远大印务有限公司还有另外一个"身份"——民政福利企业。在远大印务公司里，残障员工的数量占到公司总员工数的近一半。董事长张爽一直致力于弘扬人道主义思想，促进残障人士平等，发展残障人士事业。

张爽对"民政福利"的理解是：它关爱残疾员工，帮助困难员工，并积极参与结对帮扶，投身社会福利事业，积极履行社会责任。助残扶弱，已然成为远大印务独特的企业文化。

自公司成立以来，远大印务就特别重视残障人士助扶工作。2012年5月，远大印务成立残疾人联合会，由张爽担任残联主席，通过残联这一平台开展各类助残活动。建立"远大爱心基金"，主要用于残疾员工或困难员工帮扶，基金由张爽个人出资10万、公司出资10万建立而成，每年还会从公司经营的利润中拨付一部分纳入基金里。

对企业内部残疾员工，张爽致力于为他们提供更多的就业岗位、更好的工作环境和福利待遇，帮助他们提高自身技能，提升自身素质，开展各类文化活动，丰富他们的业余文化生活。

　　"授人以鱼不如授人以渔"，张爽不仅为残障人士提供适合自身发展的工作机会，帮助他们实现人生的梦想，还促进了企业的快速稳定发展，实现了企业与残障人士的双赢。远大印务集中安置200余名残障员工，在提供就业岗位的同时，还为他们提供康复、教育、安养等服务。如今，远大印务约有占比50%的残障员工，他们自尊、自立、自强、自信，活出了生命的精彩。

　　除关注企业内部的残疾群体外，张爽还积极投身于全社会的扶残、助残活动，为社会各界捐款捐物达数百万元。因一直投身并执着于助残事业的发展，2014年，张爽被评为全国助残先进个人，并受到党和国家领导人的亲切接见。"今年我们还专门新增了助残措施，创建住院医疗补贴，开设专项困难补助等，让残障人士更加安心地在这里工作和生活。"

　　心存善念，行则久远；远虑谋事，大志成业。被评为全国助残先进个人的张爽，带领着远大印务一路前行，成为行业内公益慈善事业的引领标杆。

第四部分

助残单位典型

福建康语

让独特的生命绚丽盛放

2023 年 4 月发布的《2022 年度儿童发展障碍康复行业蓝皮书》显示，我国孤独症谱系障碍人群超过 1000 万人。而在这 1000 万人中，0~14 岁儿童有 300 万 ~500 万人，孤独症谱系障碍已经成为儿童精神疾病中最主要的一种。

在孤独症的特殊标签背后，成千上万的儿童和他们的家长终其一生，都在"接纳"与"融入"中挣扎。他们需要更多的帮助、理解和支持。福建省康语教育科技有限公司以爱之名，从零做起。

康语创始人丁勇幼时受口语发音障碍的影响，发音不清，表达吃力，但是由于种种客观原因及家庭的康复意识薄弱，他错过了儿童时期的干预黄金期。成年后，他坚持进行了大量的专业康复训练，才算真正"缓过神"来。康复过程中的辛苦和压力，让他萌发想法，要帮助更多如他一样有口语发音障碍的孩子，让他们能够在干预黄金期得到康复训练，让他们的人生重新拥有希望。

当时，特殊儿童群体在社会上的关注度还不高，福州乃至全国从事儿童康复的机构少之又少，但正因为曾经淋过雨，丁勇才更想替别人撑伞，哪怕没有太多的行业经验可以借鉴，师资力量也十分匮乏，他还是决心以爱之名，从零做起。

2010年，福州康语口语矫正中心正式成立。中心成立了一段时间后，丁勇发现，来到机构的很多孩子并不是单纯的口语发育障碍，相当一部分孩子存在着孤独症倾向。通过进一步调研，丁勇还了解到，孤独症患儿家庭所要面对的压力和困难远比普通口语发育障碍患儿家庭要大得多：孤独症无法治愈且伴随终身，每个孤独症孩子的确诊，都意味着每个家庭将要面对极为艰难的情感调整和干预治疗带来的巨大心理、经济压力。

2011年，丁勇毅然将康语转型，更名为"康语儿童智能康复中心"，并成立金山中心，致力于为孤独症及发育迟缓儿童提供专业、有效的康复服务，期盼为他们打开属于自己的那一扇窗，让孩子们能够顺利走进校园、融入校园。

康语总裁江鹏于2014年年底加入康语，投身于儿童康复行业。"以社会的发展看行业，以行业的视角做企业"，江鹏先后提出了经营理念、管理理念、康复理念等，为企业的经营管理注入了灵魂。

风雨兼程十余载，如今，康语已从全国两家中心拓展为全国近百家中心，为近8万个家庭提供专业、有效的康复服务，先后迎来超过1.5万名儿童入园，成为全国市场规模领先的解决儿童言语社交障碍的康复机构。

康语向家长们提交了一份份满意的答卷，在这里，孩子们向阳而行，蓬勃生长。同时，康语的康复成果也获得了国家政府机关、行业领域和社会各界的广泛认可与大力支持。

以爱之名，聚光向前

知乎上有一个提问：做一名儿童康复师是一种什么样的体验？其中一条高赞回复是：这是个不完美的世界，不是所有的事情都有解决办法，也不是所有的人都能沟通。可有那么一类群体接受这一切。

在"为中国每一位孤独症儿童提供专业有效的康复服务"的使命召唤下，来自五湖四海、天南地北的"守星人"凝聚到了一起，他们带着爱心、责任心、慈悲心来到康语，来到儿童和家长身边。

他们承载了一个孩子乃至一个家庭的期望，赞扬与感谢、挫折与误解、艰辛与苦楚，全盘接受，再自我消解，不骄不躁、不怨不悔、不离不弃，用满腔的爱人之心守护着孩子心中模糊的一点光，用严谨的专业知识支撑着孩子们幼稚而又脆弱的肩膀。一点光，一个肩膀。一点光照亮了孩子们前行的道路；一个肩膀成了孩子们温暖的港湾。

在打造优秀的康复师团队方面，丁勇和江鹏一直十分重视。因为他们知道，想要家长看到康语的康复训练效果，专业力量是重中之重。

功夫不负有心人，在丁勇、江鹏及团队的不懈努力下，康语与国内多位知名专家达成合作，并以行业的视角，提出了康语的"四元康复"理念，为机构、从业者和家长指出一条相对正确的路径，让康复干预更有效。

仰望星空，更需要脚踏实地，时刻对"让千万孤独症儿童融入校园"的愿景充满憧憬，时刻谨记"热爱生命，开拓创新，诚信担当，卓越共赢"的核心价值观。

一个儿童的康复成长不单单只靠行为干预，这要依照科学的康复理念、严谨的康复体系、智能化的康复工具和各种医学相关的康复辅助手段。带着千千万万家长和孩子的期待，带着每一位康语人同心向前的决意，康语接下来将会是全国首先进行精准康复践行这一项行业内很多人喊但是没有人做的重要领域的开拓者！相信这里终将成为家长的第一选择，成为孩子的第一希望！

以爱之名，益路同行

家境贫困、孤立无援、心理失衡、自救能力与发展能力差，每个孤独症孩子背后都有一个负担沉重的家庭，像是风雨中的一栋危楼，随时都有可能倒塌。

2019年，BCBA专家张苗苗领衔，康语启动全国儿童孤独症公益巡讲；同年，康语面向全国主要34个城市发起"万人公益授课·百人免费康复"全国孤独症儿童康复火种计划。

2020年，在新冠疫情肆虐的情况下，康语延续火种，开展"火种计划·特教420"公益行动，帮助湖北地区420户特殊家庭重启康复之路。

2021年4月2日，康语在北京中华世纪坛举行"火种行动——让千万孤独症儿童融入校园"公益行动，并发布"八一工程"，创设火种·孤独症关爱基金。

2023 年，康语继续传递火种力量，发起"火种联盟·星星向融"公益巡讲及全国康语中心融合活动。

为了尽自己的一分力量，从创立至今，康语一直怀揣爱心与社会责任，为孤独症及发育迟缓儿童家庭提供力所能及的支持和帮助，为社会分担了残疾人帮扶压力，践行了爱残助残的人文精神，同时，为康复机构规范化、产业化、生态化做出巨大贡献，助推儿童康复行业的良性发展。

"孤独症儿童也是社会中的一分子，对孤独症儿童的关怀不仅是家长的责任，也是我们全社会的共同责任。"江鹏说。他承诺，康语未来将依托专业能力和资源优势，持续为孤独症儿童提供更多公益支持，努力创造有利于孤独症儿童成长的社会生态环境，让他们能更好地融入社会，能更好地康复和成长。

国家政策的支持、康复师们的努力、家长们的付出，为的只是有一天，孤独症孩子们可以勇敢地走在阳光下，获得像普通人一样的生存权利，绽放出绚烂的生命之花。而在其中有很重要的一部分，是社会大众的理解与接纳——不用已有的尺子去衡量这些独特的生命。

　　"康语始终坚持并提倡，用温暖拥抱世界的不同，用爱打破生命的局限，帮助孤独症群体建立起与世界沟通的桥梁，希望每个人都可以试着去了解这个群体，也试着让身边的人了解这个群体。"丁勇说。

彩虹村庄

为孤独症孩子绘一道彩虹

彩虹村庄携手多家社会公益组织和爱心企业，探索大龄孤独症孩子的职业技能培训，帮助他们学习并掌握一门技术，走出校园，融入社会。

孤独症，全称为孤独症谱系障碍，是一种由神经系统功能失调引起的发育障碍，多发于男孩，常起病于婴幼儿期。临床表现为社交障碍、语言障碍、行为刻板、兴趣狭窄等，目前尚无完全治愈方法，唯有通过长期行为矫正、系统训练和药物治疗改善症状。

据 2019 年发布的《中国自闭症教育康复行业发展状况报告》显示，中国自闭症发病率达 0.7%，自闭症患者已超 1000 万，0~14 岁儿童患者达 200 余万，并以每年近 20 万的速度增长，且呈逐年上升趋势。

这些孩子虽然不聋，却对外界充耳不闻；虽然不哑，却不愿开口说话。虽然他们像星星一样纯净、漂亮，却也像星星一样冷漠、孤独，这些孩子们就像星星一样闪烁着微弱的光芒，活在自己的世界里，因此被称为"星星的孩子"。

在彩虹村庄，有很多患孤独症的孩子。生活中，他们无法自理，难以融入社会，犹如一颗颗星星，困在夜空中不能回家。努力做一名普通孩子，是他们的家人梦寐以求的目标。

迷茫和焦虑

俊俊妈妈清楚地记得儿子确诊时的情景。从医院回家的路上，她脑子一片空白，"没想到孤独症离我们如此之近"。

她更希望这是一次误诊，是一场梦。但在接下来的两年时间里，她不得不一边工作，一边照顾儿子。

在彩虹村庄，与俊俊情况类似的还有乐乐（化名）。乐乐妈妈最早发现孩子异常是在乐乐两岁半的时候，此前她一直以为孩子是"发育迟缓"，不会主动开口叫人，行为刻板重复，跟小朋友也玩不到一块儿。

妈妈看在眼里，急在心里，带着孩子尝试各种治疗方法，但收效甚微。于是，她干脆辞掉工作，当起全职妈妈，照顾孩子的日常起居，带他进行康复训练。

上课时，乐乐妈妈在旁边记录老师的教学方法，回到家，再根据课堂讲的内容为孩子进行拓展训练和泛化教学。如今，在家校共同努力下，乐乐的生活习惯和自理能力有了明显提升。但是，乐乐妈妈仍对儿子的未来充满迷茫和焦虑："以后我和孩子爸老了，不能动了，孩子怎么办？"

事实上，跟大部分"星星"家庭一样，父母及家人在生活、经济和精神等多重压力下负重前行。

自从贝贝（化名）2023 年 10 月被确诊孤独症后，父母离婚，奶奶便承担起照顾孙子的重担。

贝贝奶奶说，自己最大的愿望是贝贝可以学一门手艺，能够自力更生，养活自己。

黄金干预期

相关数据显示，我国约有 1000 万名孤独症患者，其中，0~14 岁儿童患者 200 多万，并以每年近 20 万人的速度增长。孤独症已成为严重影响儿童健康的公共卫生问题。

尽早行为干预、系统训练和药物治疗是目前行之有效的康复方法，可以在一定程度上提升孩子的语言、社交、生活等能力，甚至帮助部分孩子进入普通学校学习。

在彩虹村庄负责人戎雪娴看来，"孤独症小朋友进入幼儿园的转衔标准不仅是不哭不闹、开口说话，而且还要具备一定的学习、交流和自理技能，以便适应和融入集体生活"。

从治疗阶段来说，3~6 岁是孤独症孩子黄金干预期。但需要注意的是，作为一种隐匿性极强的儿童精神类疾病，生活中，很多家长难以及早发现孩子的细微变化，从而延误了最佳治疗时机。

究其原因，首都医科大学附属北京儿童医院精神科主任医师张纪水说，一方面是家长对儿童精神类疾病认知不足，另一方面也跟儿童精神科医生短缺且分布不均及专业科室建设不足等因素有关。

正如乐乐妈妈所说，他们在孩子发病初期只是认为孩子"说话晚"，直至病症愈发严重，孩子情绪失控、暴躁易怒，才反应过来孩子是生病了。

张纪水提示，在日常生活中，家长不仅要关注孩子的身体发育，还要细心观察孩子心理发育和精神状况，比如语言、智力、情绪等方面，如果孩子持续出现拒绝交流、睡眠障碍、怪言异语等情况，应引起家长的足够重视，及时就医问诊。

此外，张纪水指出，除了提高家长对儿童精神疾病的正确认知，同时还需要加强儿童精神科人才队伍及专业科室建设，提升基层诊疗能力，加大健康科普力度，多措并举促进孤独症的早发现、早诊治、早康复。

发掘天赋，培养才能

目前，在孤独症孩子教育方面主要提倡融合教育，即鼓励有能力的孩子进入正常学校与同龄人一起接受教育。

对此，彩虹村庄提出 VBSIC 综合康复训练模式（V 指语言训练，B 指行为管理，S 指感统训练，I 指融合教育，C 指幼小衔接训练），重点推广融合课程，如融合班、融合园、社交融合和自然情景融合等，通过模拟幼儿园教育模式和实景教学环境，运用普通教育和特殊教育相结合的方式，帮助孩子融入幼儿园常态环境，为进入小学打下基础。彩虹村庄教学负责人马立介绍，在教学中，老师要深入了解孩子的性格特点、能力状况、喜恶偏好等。比如，有的孩子触觉超敏不喜欢洗脸，有的孩子挑食偏食不爱吃蔬菜，有的孩子喜欢用画笔或乐器表达自己的内心世界，老师会因材施教、加强辅导，帮助孩子发掘天赋、培养才能。

此外，孤独症孩子的健康成长离不开大众的理解和包容。戎雪娴呼吁，希望有更多爱心人士加入关爱孤独症孩子的队伍中，健全和完善社会帮扶体系。"他们的世界可能是一张白纸，但我们希望，大家共同努力在这张白纸上画出一道彩虹。"

近年来，彩虹村庄携手多家社会公益组织和爱心企业，探索大龄孤独症孩子的职业技能培训，帮助他们学习并掌握一门技术，走出校园，融入社会。

2022年6月，为了让孤独症儿童能够建立良好的规则感、熟悉社会真实场景，建立沟通动机，以及改善各项基础能力，中国少年儿童文化艺术基金会爱童工程公益项目联合北京彩虹村庄康复中心发起"爱童工程彩虹计划"。以孤独症儿童为主要服务对象，通过搭建孤独症儿童康复机构、患儿家长、科研院所、传媒、爱心企业和爱心人士的联合行动平台，帮助孤独症儿童更好地融入社会、适应社会、回归社会，享受有尊严、有品质的生活。

前不久，俊俊妈妈工作之余，抱着在旁边玩耍的儿子说："宝贝，跟妈妈一起加油，好不好？"俊俊笑着看着妈妈，伸出手，跟妈妈拍了拍手。

 天津城市职业学院

让残疾人跟上现代化前进步伐

天津城市职业学院在天津市教委的支持下，与天津市聋哑学校职普融通，2011 年创建开设了数字媒体艺术设计专业"聋人高职班"，填补了天津聋人教育在高等职业教育阶段的空白，走在了全国前列，至今已经培养 191 人。学院在培养听障学生与普通学生一道成为新时代职业人中，为听障学生拥有获得感、幸福感、安全感，做出了积极贡献，生动践行了"使残疾人跟上现代化前进步伐"。

以爱助残，"特教特办"

听障学生需要特殊的教学设施设备，学院筹措资金，建立了专供听障学生的律动、计算机、烙画、书画装裱等实训室。这是全国第一家在职业院校使用的律动实训室，它帮助听障学生通过灯光变换、地板震动，感受律动与色彩交互，提升艺术表演技能。学院安排了适合听障学生的烙画、计算机绘图、书法、书画装裱等专门课程，扬长避短，对听障生精心培养。

听障学生大多来自生活困难家庭，学院自筹资金每年为每一位听障学生减免学费 5000 元，还积极申请国家助学金、天津市残联助学金，为学生发放学院奖学金、就业创业补贴等，使每位学生平均每年获得各种资助近 9000 元，全力保障听障学生完成学业。

以融促进，"共生共长"

学院实施听障学生与普通学生"融合教育"培养，注重提高听障学生与人交往、融入社会的能力。思政课老师主动学习手语，把新时代职业教育的思政课上进了听障同学的心里。学院配备手语老师与专业课教师同时上课，师生一起共同完成专业学习任务。组织听障学生一道参与学院的文化节、运动会、作品展览、技能竞赛等活动。抓住普通班学生有学手语的兴趣、特教班学生擅长手语交流的优势，开办手语学习社团。听障学生和普通高职学生在融合环境中相互理解尊重，共同成长进步。党的十八大以来，听障学生代表学院获得 7 项国家级奖项、10 项天津市级奖项，听障同学们在德、智、体、美、劳方面取得了全面发展，提高了成就感。

以用立业，强能笃行

促进残疾人就业是我国"十四五"规划目标下残疾人事业的重心和难点。学院特别重视特教班听障学生的就业创业工作，辅导员千方百计给听障同学联系企业，帮扶每位学生安心安全实习。老师不惧辛苦反复家访，了解真实家庭需求，耐心做家长和学生工作，往往是汗水与泪水交织。功夫不负有心人，每年听障学生就业率达 95% 以上，学生就业不仅专业对口，还岗位优质。如天津优雅文化传媒有限公司、天津人易宝众创空间有限公司、天津丽思卡尔顿酒店，都成了听障学生的就业保障单位。

学院专门开辟优选岗位，提供给听障学生实习、就业，还打通听障学生进一步深造渠道，先后有 25 名学生继续读本科，已有 7 名进入论文准备阶段。听障学生在 2022 年参加了天津市残疾学生创新创业竞赛，两组学生分别获得二、三等奖，一人获得"十大创业新星"称号，一人获得 2021 年度天津市"大学生自强之星"荣誉称号。

新时代是奋斗者的时代。2014 年，学院"融合教育"获得天津市教学成果二等奖。2018 年，时任国务院副总理孙春兰一行到学院考察时见到了"聋人高职班"的同学们，观看了他们的作品，称赞学院"是有爱心的学校"，2022 年毕业的听障同学们专门创作了作品汇报成长历程。2023 年，《无声的世界并不寂寞》获得天津市"我为同学做实事"品牌项目。

新征程是追梦者的远征。天津城市职业学院的聋人特殊教育彰显着"健全人可以活出精彩的人生，残疾人也可以活出精彩的人生"的蓬勃力量。学院将在新征程上，为听障学生全面发展贡献新力量，书写新篇章。

憨鼠爱心小分队

扶贫济困，大爱无疆

有这么一支队伍，他们依托网络特殊平台，用爱心走访活动扶贫济困，为孤寡病残人员带来温暖与希望，在网络虚拟世界与现实社会之间搭建了一座爱心桥梁。十几年来，他们把小爱凝成大爱，在瓷都上空织起了一幅网络爱心大网，成为精准扶贫路上一支坚挺的力量。他们就是德化县憨鼠爱心小分队。

憨鼠爱心小分队的前身是德化网憨鼠爱心小分队，初建于 2004 年，小分队以几十位活跃在憨鼠社区的热心网友为骨干，由 30 万"德化网""憨鼠社区"注册会员网友组成。2013 年 1 月 6 日，"德化网"憨鼠爱心小分队在德化县民政局正式注册成立，并更名为德化县憨鼠爱心小分队。

小分队以"帮助别人，快乐自己"为宗旨，寓"乐善好施"的福建精神于志愿服务之中，依托"憨鼠社区"论坛，设立专门的德化县憨鼠爱心小分队账户，爱心善款筹集全部来源于网友募集，有时也利用"网上义卖、爱心团购、网上捐赠、专题募捐、直播扶贫"等方式募集，并设有专门财务人员做好每次活动的财物清单，定期公布账户情况。

以志愿服务，引导爱心传扬

建立社会志愿服务常态化机制是德化憨鼠爱心小分队的内涵追求。建队至今，小分队走遍了德化县境内的大小村落，开展爱心活动近百场。小分队的行动点燃了众多网友的爱心，吸引了各行各业人士加入其中，引导爱心传扬。小分队的主要负责人孙炳章入选第四届泉州市道德模范（助人为乐），这既是对其个人多年从事社会志愿服务的肯定，更是对瓷都社会公益活动的鞭策。如何将志愿服务的内涵建设同社会广大群众的参与结合起来，进一步促进民间社会服务常态化发展，这将是德化憨鼠爱心小分队的追求。

以温馨关怀，营造暖情瓷都

憨鼠爱心小分队服务对象主要为本县五保户、孤寡老人、特困户、残疾人、贫困学子等弱势群体。利用周六、周日或节假日，小分队走进乡村、边远山区，及时送上爱心网友们筹集的慰问款物，为帮扶对象提供最大的帮助，活动过程中，做好现场照相与活动记录，活动后及时在网上公布活

动实录和财务明细清单。通过一系列富有针对性和实效性的爱心志愿活动，小分队积极营造温暖氛围，用真心关怀弱势群体，用行动点亮温暖之光。

见贤思齐，弘扬文明风尚

"文明行动的价值不仅在于行动本身，更在于它的示范效应。"德化憨鼠爱心小分队的志愿服务活动社会参与面广、影响力大、活动机制建设较完善，经过多年的积累，已逐步发展成区域性知名品牌。通过其民间性、公益性的特质，小分队在较大程度上起到见贤思齐的作用，他们着力弘扬文明新风尚，为瓷都的精神文明建设注入社会力量，提升整体文明水平。

做好事不难，难的是坚持做十几年。德化憨鼠爱心小分队下设爱心理发队、爱心宣传队、爱心义诊队、爱心摄影队、爱心维修队等多支分队，大力开展爱心理发、义诊、摄影、宣传、维修、扶助等各种社会公益活动。小分队依托网络特殊平台，用爱心走访活动，以自己的平凡之举长期关注弱势群体，扶贫济困，在网络虚拟世界与现实社会之间搭建了一座爱心桥梁。

憨鼠爱心小分队成立以来，受到德化县委、县政府的关注与支持，相关部门纷纷出资、出人参与到爱心活动中。小分队的志愿者们来自各行各业，有老师、律师、医生、企业家……他们怀着一颗平凡的心，利用业余时间，为社会公益活动默默奉献着自己的一分力量。

成立至今，憨鼠爱心小分队的志愿者们累计下乡开展扶残助困活动600多次，组织大型专题爱心活动100多场，为德化弱势对象募集、发放善款善物总值约1200多万元，慰问了1.2万余户（个）对象，上万人次参加爱心活动，累计服务总时数达25.5万小时，小分队骨干志愿者人均志愿服务时间达3200小时以上。他们用真诚诠释着无私奉献的社会主义核心价值观，把小爱凝成大爱，在瓷都上空织起了一张网络爱心大网。

扶弱自强，小得盈满

在扬州广陵古城皮市街的"重塑·新生"创意市集上，一个特殊的文创摊位格外引人注目。来自小满助残就业创业基地的员工李蔚，不时凑近身子侧耳倾听游客们的询问，同时带着热情的微笑，为游客们介绍一件件手工艺品。

"这是我们第一次参加'皮市集'活动，带来了基地文创手工部残友同事们手工编织的手链、手制的香囊、手绘面具、非遗剪纸等工艺品，目的就是把'小满助残'的品牌打出去，让残友们有发挥一技之长的渠道、有融入社会的途径。"李蔚自己患有三级听力障碍，但脸上却丝毫不见阴霾，"很感谢社区给了我们这样的机会，这次编织手链的人气和销量相当不错，同事们都很高兴！"

据了解，扬州市东关街道琼花观社区 2022 年 9 月与"小满助残"合作，通过阵地联用、资源共享等方式，辅助该基地为各类残障人士提供生活、职业技能方面的培训，依托信息化、数字化技术，将企业用工资源与残障人员就业需求进行精准匹配，帮助残障人员实现稳定就业。截至目前，已累计为 100 多名残障人员提供了 12 种优质就业岗位。

小满助残就业创业基地，是一家面向残障人员就业创业的公益性机构，基地以"多元融合，企业联动，携手共赢"为主线策略，以协助政府开展各类助残事业为发展方向，以残障人员的就业服务工作为核心，创新性地建立了"分散就业＋集中管理"的就业模式，形成一套完备的残疾人就业服务体系。2023 年，小满助残就业创业基地荣获"扬州市残疾人就业创业基地""广陵区残疾人职业培训基地"称号。40 多家合作企业联合培训残障人员 320 余人次，为 140 余人提供了 12 种不同的就业岗位，基地内部建立了职业技能培训、评测指导中心，更好地提升人员职业技能。

2023 年全国助残日，"小满助残"组织了一场就业创业讲座，为社区群众讲解香囊、绳结等手工制品的做法，得到不少好评。"我作为'小满'的一员，用相机记录下了这些影像。""小满助残"员工刘一草自豪地说。听力障碍二级的他，原本在物业、酒店辗转干过两年多，来到"小满"后，终于感觉"找到了自己想要的"。

"多亏了基地和社区的共同帮扶和支持，我接受了短视频拍摄、剪辑等技能的培训，拿到了全媒体运营师的资格证书，更是获得了大量的实操机会。"刘一草说，自己现在一个月底薪就有两千多，承接项目了还能拿到提成，月收入在三千左右，"最重要的是，我感觉实现了自我价值，也变得喜欢和人沟通了。"

"我们希望依托联动共建，引导更多的社会力量、社会资源参与扶残助残。"琼花观社区党委书记王静表示，社区会定期摸排，将辖区内有就业意向的残友整理成册，向"小满"进行辅助性就业推介，同时结合相关惠残政策，为"小满"的残障工作人员提供相应的心理辅导、康复训练等服务，帮助残友打开心扉，提高生活品质，提升综合素质，开阔眼界思维，为他们能够更好地融入社会打下坚实基础。

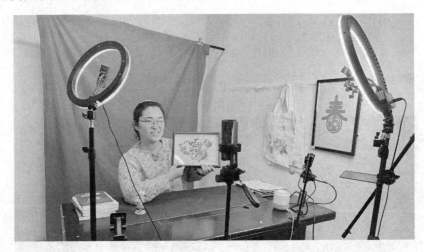

在与"小满助残"互助共建的过程中，琼花观社区探索出一条扶残助残服务民生的新路径。"我们从中受到了很多启发，对于我们不断提升基层社会治理能力和水平，都很有益处。"王静表示。未来，社区还打算同"小满助残"开展更加深入的合作，如帮助联系非遗传承大师培训指导、对接企业与残友互助等，在为残障人员送温暖、解困境的同时，广泛提供政策支持，采取购买服务、社企联动等方式，为更多"小满助残"式企业、机构搭建好服务平台，"努力打造有温度、有温情，城市帮扶有爱、残友就业无'碍'的幸福社区"。

2022年扬州市委书记王进健到小满助残就业创业基地调研时，对"小满助残"实行的"分散就业＋集中管理"就业模式表示认同，并实地察看了基地人员制作的手工文创产品，走进直播间向相关人员详细了解泥塑产品的售卖价格、收入等情况。王进健对基地实行的"挖掘、培养、成就"，让残障人员拥有一技之长的做法表示了赞同，表示要充分挖掘残障人员的潜力，实现高效、稳定就业。

江苏省残联理事长姜爱军在对小满助残就业创业基地深入调研后表示，要多渠道、多形式促进残障人员就业，对相关人员要做好就业安置跟踪服务，掌握人员就业动向，努力为残障人员就业创造更好的机会和条件。

2022年，"小满助残"还迎来了来自新华社、中新社、央广网等多家中央媒体赴江苏走基层记者团采风调研。媒体记者团实地观摩了小满助残帮扶残疾人就业创业服务体系建设情况，就基地创立初心、运营模式等问题对小满助残基地进行采访，基地残障员工展示了自己的一技之长，展现

了残障人员自强自立、自食其力、阳光乐观的精神风貌。未来，"小满助残"将持续不断地开发适合残障人员工作的岗位，真正构建残障融合体系，不仅让残障人员学到技能，更重要的是让残障人员的价值在这里得到实现，让社会大众看到残障人员身残志坚、自强不息的精神，也让助残事业的发展有更强有力的保证和前进的动力。

康乐崇善中心

崇善致美，笃行致远

康乐崇善社会工作服务中心是 2011 年发起成立的康乐县陇人青年志愿者协会的转型机构，于 2017 年 8 月 22 日正式获康乐县民政局批准成立的、具有独立法人资格的民办非企业单位，是首家在临夏地区注册成立的社会工作服务机构。

机构自成立以来，始终坚持"崇善致美，笃行致远"的理念，注重党建带团建的工作思路，充分发挥党员、青年志愿者的先锋带头作用，在实际工作中着重服务于重度残疾人、心智障碍儿童、困境儿童等，建立青年志愿者团队，开展扶残、助残、助困志愿服务活动。

以康乐崇善社会工作服务中心附城镇社工站为例，工作站成立于 2022 年 4 月，它是康乐县正式启动的第一个社会工作服务站，标志着该县社会工作步入标准化、规范化的新发展阶段。服务站用社会工作的专业方法和技巧，在辖区内开展社会救助、为老养老、儿童关爱、社区治理、社会组织培育等服务，进一步增强了群众的获得感、幸福感和安全感。

康乐县附城镇社区的部分老年人由于身体不好、行动不便、照顾孙辈等，与外界交流较少，兴趣爱好单一，导致其情感支持薄弱，精神生活质量不佳。为此，附城镇社工站组织社工及志愿者在康乐县养护中心开展共享天伦"家庭影院"活动，旨在加强老年人之间的沟通交流，提升他们之间的情感支持，同时，也希望通过观赏电影的方式，培养老年人新的兴趣爱好，提升其精神生活质量，从而丰富老人的晚年生活。

为丰富老年人的生活，培养社区老年人对舞蹈的兴趣，附城镇社工站组织社区老年人开展"舞动旋律"主题活动，活动有组织、有计划地进行，让老年人在舞蹈中去感受音乐、理解音乐和表现音乐。社工站还组建了老年人舞蹈兴趣小组，使老年人学会有关舞蹈的技能，掌握一些舞台艺术表演的方法，并在实践活动中不断提炼情感，增强技艺，提高对艺术作品的理解力、表现力、想象力和创作力。

在端午节来临之际，社工组织青少年在养护中心开展了以青少年感恩教育为主题的活动，营造爱老、敬老氛围，培养青少年爱国意识，增强民族自豪感，教育青少年传承中华爱老、敬老传统美德，让老年人们感受到老有所养、老有所依、老有所乐。

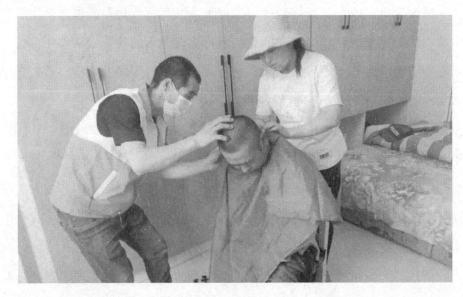

　　康乐崇善社会工作服务中心还推出了"阳光家园计划"残疾人居家托养服务，本着"以人为本，助人自助"的理念，为全县持残疾证、无业且长期需要专人照顾的智力、精神和重度肢体残疾的残疾人提供个人护理、生活协理、康复护理和人文关怀等服务，努力提升广大残疾人的幸福感、获得感。

　　为深入开展党的群众路线教育实践活动，切实为人民服务，促进民族团结互助，康乐崇善社会工作服务中心开展了以"民族团结·同心筑梦"为主题的第三批助学金发放活动。活动由中国社会福利基金会爱小丫基金"女生扶持计划"资助，在康乐县城北学校举办。此次活动旨在大力弘扬中华民族团结互助、扶贫济困的传统美德，让各民族女生感受中华民族大家庭的温暖与关爱，像石榴籽一样紧紧抱在一起，共同建设伟大祖国，共同创造美好生活，促进社会和谐，帮助康乐县贫困家庭子女解决就学资金困难，实现上学梦想。康乐崇善社会工作服务中心持续助力康乐县10所学校266名困难女生"上好学，圆好梦"，为她们带去温暖与希望。

　　通过外出学习、拜访基金会、资源链接、参加项目创投大赛、东西协作、政府相关部门汇报等方式，康乐崇善社会工作服务中心为临夏州争取到资金750万元，各类受益人数达40000多名，帮扶和救助残障人士3400余人。

就业帮扶助残筑梦

浙江佐力药业股份有限公司，是一家集科研、生产、销售于一体的国家高新技术制药企业，是国内大型药用真菌制药领域的领军企业之一，先后获得"国家绿色工厂""国家高新技术企业""全国文明单位""中国中药企业 TOP100""浙江省服务型制造示范企业""浙江省级两化融合示范企业""浙江省技术创新示范企业""湖州市政府质量奖"等称号，荣获省级科技进步奖二等奖 1 项、三等奖 2 项。拥有乌灵胶囊、灵泽片、百令片等 3 个国家基本药物，其中主打产品"乌灵胶囊"属于国家一类新药、国家医保甲类产品，于 2019 年被浙江省评选为第一批"浙产名药"。

20 多年来，佐力药业积极履行、承担企业社会责任，尤其在促进残疾人就业、助力共富路上，形成了具有自身辨识度的"佐力模式"。

公司现有员工 1900 余人，其中残疾员工超 650 人。安置残疾人数全市第一、全省第三。作为一家有温度的企业，佐力药业这些年来通过建立工作、生活、维权、学习四大机制，让残疾员工做到了"工作有劲头、生活有甜头、权益有说头、成长有盼头"，营造出浓厚的"大家庭"氛围。

2019 年，佐力药业投入 200 多万元建设"残疾人之家"，成为全省第一批五星级"残疾人之家"，共安置精神、智力及重度残疾人员 73 人，配备各类管理人员 13 人，其中执业医师 1 人。

2023 年 8 月，佐力药业成立了全省首家集中就业企业残疾人协会，进一步规范提升了企业残疾人工作，并坚持"三声、四心、五关怀"工作方法，提炼出"工作、生活、健康、成长"四大机制，积极为残疾员工打造幸福和谐的工作和生活环境，涌现出蒋继剑（德清县第一位亚残运会冠军）等一批优秀人才。在工作机制上，佐力药业给残疾人合理安排工作岗位，让他们工作有劲头。

残疾员工由于有视力、听力、言语、肢体、智力等方面的障碍，在受教育程度、工作经验等方面有所欠缺，恰当地安排好他们的工作，是让他们树立自信心的关键。因此，佐力药业从管理层到各部门、车间都有这样一种共识，对每一位进公司的残疾员工，根据他们个人的文化水平、特长、

技能、残疾程度等实际情况，把他们安排到适合的工作岗位上，力争做到量才定岗，以充分发挥残疾员工的自身价值。

此外，在经营管理中推进企业民主管理。坚持每年至少召开一次职代会，认真落实职代会的各项职权，凡涉及员工切身利益的规章制度的建立与修改等重大事项都提请职工代表大会审议通过，使员工的愿望和诉求、意见和建议得到了有效疏通，缓解了员工的工作压力，改善了员工的工作情绪。

在生活上，佐力药业不断完善残疾员工的福利待遇，让他们生活得有滋有味。

在佐力药业，残疾员工劳动合同签订率达100%。在工资、奖金等劳动报酬方面，始终坚持同工同酬，绝不歧视残疾员工，而且还从吃、住、行等方面给予他们无微不至的关心和照顾，让他们生活有盼头。

比如，为离家较远的残疾职工安排设施齐全的宿舍，提供一荤两素的免费午餐，员工过生日送蛋糕、吃生日面、发短信祝贺，安排三辆大客车接送员工上下班，员工生病住院、女员工生育等安排专人上门慰问，每年组织员工体检，学生暑假期间开办职工子女暑假班，还为全体残疾员工在"五险一金"的基础上，又增加了一把"保护伞"，为他们增保了一份意外险，全体员工都参加了德清县职工医疗互助。

为帮扶因病、因残而家庭生活困难的残疾员工，佐力药业成立了"1+1职工互助帮困基金"，每年都通过各种渠道，帮扶残疾员工。对残疾程度较重的员工，佐力药业还投资100多万元，专门建立省级残疾人小康阳光庇护中心（2020年4月被授予首批浙江省五星级"残疾人之家"），安置精神、智力和重度肢体残疾员工70多人，还配置专门管理人员、医护人员，坚持"三声、四心、五关怀"，合理安排工疗、娱疗、康复训练和心理辅导，并开展学习八段锦、面点制作培训、生活常识教育、心理咨询服务等特色活动和专业培训，使他们的工作和生活技能得到了很大的提升，真正发挥了庇护一人、解放一家、稳定一方的作用。2022 年 5 月，佐力药业还联合德清县红十字会成立百万"佐力博爱助残公益基金"，助力全县残疾人实现共同富裕。

除了工作、生活上的关怀照顾，佐力药业还鼓励残疾员工提升学历、技能，培养员工成长成才。

佐力药业每年制订培训计划，为要求上进的残疾员工报名参加高中学历教育，费用由企业承担，现在已有 40 多名残疾员工拿到了毕业证书，并且都已成为岗位能手，同时还组织残疾员工参加制药工等方面的职业技能培训，有 150 多人取得劳动技能证书，有 15 名残疾人之家的员工取得了面点专项技能证书。

多年来，在佐力药业无微不至的关心和支持下，残疾员工快速成长，在厂区，到处可以看到他们充满自信的笑脸和认真工作的身影。他们重拾自尊自爱，找到人生的价值与意义，在各自的岗位上散发出自己的光芒。

唐山点爱汇

点爱汇成海，助残我先行

唐山点爱汇科技服务有限公司，是一家专门为残障人士提供优质职业技能培训、心理辅导、集中及辅助性就业的综合服务平台，并独家运营"点爱汇残疾人综合服务基地"，由唐山市青年企业家协会会员、"点爱汇"助残服务平台创始人薄刘利于2021年在河北唐山创立。

薄刘利投身助残就业、残疾人职业培训事业多年。从2017年开始，薄刘利就关注残疾人这一特殊群体的就业问题，并将自己的创业梦想和残疾人就业紧密相连。出于对残疾人事业的热爱以及对行业巨大发展空间的预判，他成为最早一批助残就业机构的创业者。多年来，他先后在北京、石家庄、郑州等地创建、运营多个残疾人就业基地，帮助3000多名残障人士实现就业。

2021年1月，薄刘利在河北唐山创立"点爱汇"残疾人综合服务平台，专门为唐山本地企事业单位输送残疾人员工，进行残保金优化，为本地残障人士提供优质的技能培训、心理辅导、辅助性就业、手工艺品加工、非遗文化传承等一体化线上线下综合服务，致力于促进残疾人就业，提高残疾人收入及生活质量。

"点爱汇"残疾人综合服务平台，集残疾人技能培训、残疾人就业创业、非遗文化传承、残疾人手工艺品制作等为一体，基地内设有办公区、产品展示区、加工操作区、残疾人事业宣传区和生活区。为提高残疾人在基地内工作生活的便利性，基地内进行了无障碍改造，并针对残疾人的特殊身体状况提供专业化的食宿管理和24小时照护。基地引进了手工艺品加工、电子元器件加工、大数据标注、网络客服等多种项目，采用残疾人集中就业模式，为残疾人提供适合的岗位，尤其优先解决重度残疾人、生活困难残疾人、农村残疾人等重点帮扶对象的就业问题。帮扶众多残疾人实现就业，拥有长期、稳定的收入，提高其生活水平。

公司成立三年来，"点爱汇"以帮扶残疾人就业为宗旨，残疾人多元服务为方向，通过基地运营，从残疾人技能培训、残疾人招聘会到就业安置，从非遗文化传承助残、残疾人社会活动组织以及困难残疾人关怀等多个方面，为残疾人提供了多项服务。

首先，在残疾人就业帮扶方面，依托残疾人综合服务基地，引进了手工艺品加工、电子元器件加工、大数据标注等众多项目，为残疾人提供尽可能多样化的工作岗位，让不同残疾类型、残疾程度的残疾人都能拥有适合的工作。同时，考虑到部分残疾人身体原因造成工作间断，以及一些企业所需项目的周期性和间断性特点，发挥资源优势，联合上下游企业，进行了临时性手工项目承接，为残疾人提供多方面的收入来源。目前，已累计安置 300 余名残疾人就业，使他们在拥有稳定收入的同时，有了一定的社会保障，有效提升了残疾人的物质生活水平。

其次，在残疾人就业辅助及技能培训方面，"点爱汇"除了安置残疾人集中就业外，还积极开展多项残疾人就业辅助活动，如举办残疾人招聘会、残疾人职业技能培训等，力求从拓展残疾人就业渠道、提升残疾人职业技能等多角度帮扶残疾人实现多元化就业。自成立以来，"点爱汇"联合爱心企业和社会力量，累计举办残疾人招聘会 12 次，累计参与人次 700 余人，达成就业意向 300 余人，起到了残疾人与企业间沟通的桥梁作用。

在职业技能培训方面，"点爱汇"累计举办手工串珠工艺品制作培训、新媒体运营培训、大数据标注培训、残疾人就业指导培训、残疾人心理辅导培训等 10 余次线上线下免费培训，累计受训学员 2000 余人。通过技能培训，残疾人增长了知识，提升了技能，开拓了就业发展思路。尤其串珠工艺品、大数据标注培训结束后，在基地承接的相关项目中，众多学员学以致用，参与到项目工作中，通过自己的双手使收入获得提升。

在非遗文化传承助残方面，"点爱汇"结合唐山皮影、手工剪纸等非遗项目，邀请专业老师前来授课，教授残疾人制作手工艺，推荐有相关特长的残疾人深入学习，并联合爱心企业集中采购非遗产品，实现非遗文化传承与助残公益的有机结合和可持续发展。

此外，在残疾人社会活动组织方面，"点爱汇"除帮扶残疾人就业外，还十分关注残疾人的精神生活，希望帮助更多残疾人拥有更丰富的精神世界，提升生活热情，更好地融入社会。因此，"点爱汇"多次举办残疾人社会活动。

2023年，"点爱汇"两次与当地残联联合，举办了两场大型残疾人相亲活动，累计参与人数200余人，并成就多对成功牵手的有缘人。每年的端午、中秋、春节等重要节日期间，"点爱汇"均会举办残疾人联欢活动，并不定期组织残疾人举办赶海、郊游等户外活动。通过这些活动的组织，力求让更多残疾人走出自己的小圈子，更多地接触社会，让更多残障朋友在团结有爱的氛围中互相鼓舞，共同建立自信心，重燃对生活的希望。

"点爱汇"在做好助残服务本职工作的同时，还积极参与社会公益活动，尤其是关爱残疾人的活动。他们多次慰问残疾人，为残疾人送去生活用品，解决他们的生活困难，累计送出米面油等生活用品及现金价值约5万余元。

"在习总书记伟大思想及党和国家相关政策的指引下，'点爱汇'作为一支扶残助残的社会有生力量，将不忘初心，在助残路上砥砺前行。"薄刘利说。